超簡單!
京阪神排行程

3大 區域 **37**條 路線 **260**⁺個 食遊購宿

一次串聯!

1~2日行程讓新手或玩家都能輕鬆自由行

目錄

目錄

目錄

玩日本 行程規畫術

你擔心的，由我們來告訴你～

我不會說日文，不可能
去日本自助啦！

身邊愈來愈多的朋友自助去日本玩，

總覺得羨慕，卻沒有勇氣踏出第一步嗎？

想要嘗試不被固定行程綁住，

完全能夠自由作主的旅遊形式嗎？

做功課好麻煩哦，
要從何開始？

我們了解你因未知而感到卻步，

在這裡，幫你一一點出行程安排的眉眉角角，

快跟著我們一起，

一步一步安排屬於自己的完美行程！

看那地鐵圖密密麻麻，
我害怕迷路耶……

行程規劃的
第一步 該怎麼做？

我應該怎麼決定
這次旅行的範圍呢？

前往日本旅行，如果想要一口氣玩完全部知名景點，除了要有錢更要有閒，
日本比你想像中的還要大，可以玩的東西很多很多！
當要開始安排行程時，最好先決定要玩哪一區域。

建立Google「我的地圖」

搜集好想去的景點後，至
Google地圖將所有景點全
都點進去。這時各景點在地圖上的方
位便會十分清楚。
搞懂想去景點相對
位置，掌握方向感
是規畫行程的成功
開始！

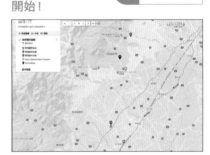

以京阪神單一城市為主

通常一開始會以單玩一個城市為主。
以京阪神為例：
◎只玩京都府，安排5天行程
◎只玩大阪府，安排5天行程
◎只玩兵庫縣，安排5天行程
◎只玩神戶市，安排3天行程

單一城市串聯近郊景點

有信心的人，可以單一城市再結合近郊景點日
歸行程。以關西地區為例：
◎京都3天+奈良1天+琵琶湖1天
◎大阪3天+京都1天+神戶1天
◎大阪3天+奈良1天+京都1天
◎神戶3天+城崎溫泉1天+姬路1天

進階者可串聯多個城市

帶著行李移動，居住不同城市，更加深度體驗
在地文化。以關西地區為例：
◎京都3天+大阪2天
◎京都市區3天+天橋立2天
◎兵庫3天+大阪2天
◎大阪3天+和歌山2天
◎京都2天+兵庫2天+大阪2天

玩一趟日本
大概要準備多少錢呢？

機票、住宿與一些景點門票，在規劃行程時便能大致掌握。而其餘的食衣住行部分，日本物價約是台灣的2~3倍，當然偶爾還是有撿便宜的時候。

大致物價上可以參考以下的數值：

吃東西可以抓
午餐￥1,000
晚餐￥3,000

Tips

**玩日本好貴
要怎麼省？**

《一張PASS玩遍京阪神：19張交通票券x21條行程規劃，1~2日食購玩樂一次串聯，新手也能省錢省力暢遊大關西》以京阪神地區交通 PASS為主題，介紹玩日本的推薦周遊票券！不妨照著書玩，把錢花在美食、購物上吧！

購物連結

食

麥當勞大麥克漢堡￥480
星巴克拿鐵小杯￥455
松屋牛丼中碗￥430
一蘭拉麵￥980
咖啡廳蛋糕￥350~800
懷石料理￥5000起

行

JR特急HARUKA關西機場到京都
￥3440
近畿日本鐵道(近鐵)1站￥180起
關西地區計程車起跳￥500~650
車站寄物櫃小型￥600起/天

樂

清水寺門票￥500
流行雜誌￥690~1000
看電影￥1000~2000
穿和服￥3000~10000

從台灣有哪些航班到京阪神？

關西國際機場

關西國際機場位於大阪南部50公里處的人造島，是日本第二重要國際機場，目前有兩個航廈，台灣的航班只有樂桃航空在第二航廈起降，其餘則在第一航廈，兩個航廈間有巴士串聯。進出京阪神地區，大多人都會選擇由關西國際機場進出，不但距離大阪市區近，前往關西各地的交通系統、套票更是完善，是旅人心目中玩京阪神的不二選擇。

航空公司：
樂桃航空
中華航空(與日本航空聯航)
長榮航空(與全日空聯航)
台灣虎航
星宇航空

中部國際機場

中部國機場位於愛知縣，如果玩京阪神之餘，也想到滋賀、三重、名古屋等地逛逛，可以安排從中部國際機場進出，或是搭配關西國際機場一進一出。從中部國際機場抵達名古屋後，可以搭乘近鐵、新幹線前往京阪神，交通相當方便。

航空公司：
樂桃航空
星宇航空
中華航空
台灣虎航

福井縣

若峽灣

岐阜縣

鳥取縣

京都府

滋賀縣

琵琶湖

愛知縣

兵庫縣

岡山縣

中部國際機場

伊勢灣

岡山機場

小豆島

大阪灣

直島 豊島

關西國際機場

大阪府

三重縣

高松

淡路島

香川縣

奈良縣

德島縣

熊野灘

高知縣

和歌山縣

岡山機場 從台灣目前可直飛岡山機場，如果在旅遊旺季時訂不到其他機場的機票的話，可以考慮岡山機場，因為岡山到京阪神有新幹線，交通相當方便，可作為候補機場。

航空公司：

岡山機場

岡山機場

除了找旅行社
我還能怎麼**買機票**？

使用比價網

利用Skyscanner、Expedia、Trip.com等機票比價網，只要輸入出發、目的地與時間，就能把所有航班列出來！

優點

◎簡單方便
◎全部航班一次列出，一目瞭然

缺點

◎票價非即時
◎許多網站為境外經營，客服不好找且可能有語言問題

至官網查詢

至每一個航空公司的官網查詢航班，最能夠了解該航空公司的所有航點與航班，傳統航空大多買來回票比較划算，廉價航空可買單程票。

優點

◎要退票改票比較方便
◎遇到特價促銷最便宜

缺點

◎需一家一家比較

鎖定廉航特價

■廉航(LCC, Low Cost Carrier)票價便宜，不過廉價航空規定與傳統航空不同，事前一定要弄清楚。

所有服務都要收費

託運行李、飛機餐、選位都要加價購，隨身行李也有嚴格限重，就連修改機票也要付費。

誤點、臨時取消航班

遇上航班取消、更改時間的話，消費者有權免費更換時段一次，誤點則無法求償。

紅眼航班

大多是凌晨或深夜出發的航班，安排行程時別忘了列入考量。

我要怎麼選擇
住飯店還是旅館？

訂房時，決定因素不外乎是「**價格！地點！交通！**」交通、地點好的飯店一定搶手，價格也稍貴；若以價格為考量，則是愈早訂房愈便宜。一般來說，日本的住宿可分為以下幾種：

飯店 擁有優越的地理位置或環境，服務體貼、室內空間寬闊，以及完善的飯店設施，適合想在旅行時享受不同住宿氛圍、好好善待自己的旅客。

溫泉旅館 孕育自日本的溫泉文化，特色露天溫泉浴場、傳統與舒適兼備的和風空間，或是可在房內享用的懷石料理，住宿同時也能體驗日式文化的精華。

連鎖商務旅館 多為單人房和雙人房，乾淨的房間、衛浴、網路、簡單早餐，符合商務客和一般旅客需求。東橫inn、Dormy inn和SUPER HOTEL都是熱門選擇。

青年旅館 划算、簡單的住宿，也有套房或雙人房，但主要是宿舍式床位，衛浴公用，大多設有公用廚房、付費洗衣設備，還有交誼廳讓旅客聊天交換訊息。

民宿 民宿的主人、建築特色和當地料理，都是吸引人的特點。民宿房間通常不多，設備也較簡單，日式西式、單獨或共用衛浴都有。因為是私宅，大多都設有門禁。

膠囊旅館 膠囊旅館雖然只是個小空間，卻也有床、插頭、WIFI，衛浴共用，豪華一點的還有電視、保險箱。床位大多以拉簾遮蔽，擔心隱私與隔音效果的人不建議入住。

公寓式飯店 長住型飯店有著與旅館不同的氣氛，坪數寬廣，廚房、客廳、臥室等空間齊備，旅客可以度過悠閒時光，在此找到真正的生活感、休息與放鬆。

懶人看這裡就對了！

類型	飯店	溫泉旅館	連鎖商務旅館	青年旅館	民宿	膠囊旅館	公寓式飯店
背包客、省錢			◎	◎	◎	◎	
小資族、精打細算			◎		◎		
家族旅行、親子旅行	◎	◎			◎		◎
渡假、高品質	◎	◎					

Tips 訂房時被要求輸入姓名的平假名、片假名？

日本在訂票、訂房，常被人詬病的便是需要輸入姓名的平假名／片假名拼音。若是遇到這種網站，卻又不會日文的話，可以使用「Name變換君」網站，只要輸入中文姓名，便會自動變換成日文拼音哦！

Name變換君

怎麼決定住宿地點？

主要還是要先確定「行程」再來安排為佳。以京都、大阪、神戶為例，若只考慮交通便利性的話，一般只要以飯店「距離主要車站的遠近」來判斷即可。若是串聯較遠的近郊行程，也可以在近郊當地住一晚。

京都 京都市區以住在交通匯集地的**京都站**周遭最為方便，而距離觀光景點近、轉車又方便的**四条站、河原町站**，或是離京都站僅距離一站的**九条站、五条站**也都是很好的選擇。若是安排前往較遠的**天橋立、伊根**等地，則建議在當地住一晚。

滋賀 從滋賀搭乘JR東海道本線往來京都站、大阪站都很便利，其中**大津站**搭乘JR到京都只要10分鐘，房價比京都更便宜，遊玩京都時不妨考慮看看。

大阪 大阪私鐵眾多，只要住在市區地鐵沿線其實交通都還算方便，不過最受歡迎的地點當然還是可以直達關西機場的**難波站、梅田站**，熱鬧商圈的**日本橋、心齋橋**周遭也是不錯的地點。

奈良 奈良也是關西地區十分受歡迎的景點，由於剛好位於近鐵電車銜接大阪、京都的路途間，許多旅人會選擇從大阪前往京都時，中間在奈良市區住一晚，**近鐵奈良站**周遭自然是最適合的住宿地，除了交通方便，離市區景點也都是步行可到的距離。

兵庫 兵庫地區廣大，通常會先決定好旅遊點再規劃住宿地，像是距離較遠的**城崎溫泉**就會建議在當地住一晚。而一般市區旅遊則推薦**三宮站、神戶港區**周遭，交通四通八達，周遭觀光景點與店家又多，非常方便。

不用擔心，
住房問題我來解答！

一般飯店房型有哪幾種

A

single／シングル／單人房：一張小床
twin／ツイン／雙床房：兩張小床
double／ダブル／雙人房：一張大床
triple／トリプル／三人房：可能是一大床、一小床或三張小床的組合
ladies floor／レディースフロア／女性專用樓層：只供女性入住

我帶小孩一起出門，幾歲以下免費呢？

A

一般規定為入學年齡（6歲）以下的兒童免費，但還是以各旅館規定為準。

日本需要放床頭小費嗎？大概多少？

服務費都已包含在住宿費用裡，因此並不需要額外支付小費。

一般飯店有供餐嗎？

A

大多數飯店設有餐廳，會提供餐點。但是否提供「免費」早餐，則不一定。有的時候房價便已經包含早餐，有時則是「素泊」並不包餐，訂房時要注意。

在日本搭電車好可怕？

第一次自己在日本搭電車？不用緊張，其實在日本搭電車就跟在台灣搭捷運、台鐵火車、高鐵一樣簡單。只要確認好要搭的路線，照著路線搭車、轉車，一切就解決啦！

把地下鐵當做捷運來想就對了！

JR西日本

包含廣大的關西至北陸，連山陰山陽都是其範圍，提供的PASS交通票券也十分實用，是玩西日本最常被使用的交通系統。

Osaka Metro

擁有9條路線，與JR大阪環狀線串聯起大阪市區的交通圈，其中御堂筋線、四ツ橋線及谷町線都是觀光客乘用的熱門路線。

阪神電車

主要串聯大阪至神戶之間，也與山陽電車直通延伸至姬路。由於票價便宜、停靠站又多，雖然速度比JR還慢，但仍然相當受歡迎。

阪急電車

擴及京都、大阪、神戶，範圍十分廣大，更棒的是不需額外加購特急券也能搭乘特急列車。如要從大阪前往嵐山、寶塚等地，建議可搭乘阪急。

南海電鐵

主要運行在大阪南部至和歌山、高野山一帶，也是大阪難波往來關西機場的重要交通。

京阪電車

沿線有祇園、清水寺、伏見稻荷、宇治等知名景點，終點站出町柳駅可轉搭叡山電鐵前往貴船、鞍馬和比叡山延曆寺。

近畿日本鐵道

愛稱為「近鐵」，鐵路涵蓋大阪、京都、奈良、三重及名古屋之間。尤其大阪往來奈良的區間，雖然也能搭乘JR，但多數人仍會選擇搭乘距離觀光景點較近的近鐵。

京都市營地鐵

京都市僅有兩條地下鐵，部分景點如醍醐寺、北山、二条城等，搭乘地下鐵前往較為方便。市中心近距離移動時，搭乘地下鐵能省下路面塞車的時間，一般也會比公車來得更快。

神戶市營地鐵

神戶地區除了各大私鐵與JR之外，最常被觀光客使用的，就屬神戶市營地鐵海岸線了，由於連接神戶港區與三宮繁華街區，讓來往兩地更便捷。

① 普通車、特急、新幹線

Tips　除了地鐵之外，JR與私鐵皆有依停靠站的多寡來劃分車種，一般來說，搭乘特急列車都需要額外支付「特急券」的費用，價格還會因選擇指定席或自由席、距離、車廂等級而有所不同。而新幹線則是JR串聯全國的快速列車，像台灣的高鐵也是使用日本新幹線系統，價格較高，通常在長程旅行時才會搭乘。

就像悠遊卡、一卡通一樣便利～

② ICOCA

Tips　JR西日本發行的ICOCA就像是台灣人手一張的悠遊卡，一張卡幾乎就可以玩遍日本，除了搭乘大部分交通工具，也可小額支付購物，現在還能綁定手機使用，超方便！

手機也能使用ICOCA，最強攻略教給你！

MOOK玩什麼

日本鐵道發達
坐火車好玩嗎？

關西地區私鐵眾多，各家鐵路為了吸引乘客，紛紛設計了各種不同特色的觀光列車，有些以路途中美麗的四季景色而聞名，有些則是結合當地特色，發展出外觀精緻或可愛逗趣、內部裝潢也別具特色的觀光體驗列車，有些甚至還會販售觀光列車限定的伴手禮或餐點，每一種列車都有趣得讓人難以割捨。若時間剛好可以配合，不妨前往搭乘體驗，為你的旅程增添難以忘懷的故事。

嵯峨野小火車

嵯峨野線鐵道沿著保津川鋪設，能以絕佳的視野角度欣賞保津川峽谷的四季美景。造型復古的紅色車廂與古樸的火車頭相當引人注目，紅黑兩色的機關車採用開放式車窗，由頭站至尾站單程約25分鐘，沿途可以欣賞嵯峨野的竹林峽谷、春櫻秋楓，列車長也會不時以輕鬆詼諧的口吻介紹周邊的景致，吸引大批遊客以不一樣的方式體會京都之美。

丹後鐵道觀光列車

鐵道設計大師水戶岡銳治為丹後鐵道改造了三輛列車：黑松、青松與赤松。三者車內皆有別緻設計的復古特色座位，其中黑松是高級食堂列車，行駛於福知山～天橋立～西舞鶴，赤松則行駛於西舞鶴～天橋立間，有販售輕食及飲品，兩者皆為預約制列車，而青松則是一般普通列車。途中行經由良川鐵橋，從蔚藍大海上跨越，彷彿神隱少女中的海上列車。

Hello Kitty新幹線

熱門的Hello Kitty新幹線行駛於新大阪站～博多站之間，一天往返僅各一班，1號車廂HELLO! PLAZA是專門販售紀念品的地方，2號車廂KAWAII! ROOM則是有滿滿Kitty陪伴的自由座車廂，若想搭乘要早點到月台排隊。

Hello Kitty 新幹線

和歌山電車

和歌山電鐵貴志川線因為貓站長小玉而聲名大噪，和歌山電鐵更設計了多款主題列車，除了以貴志特產為主題的草莓電車，還有以紀州梅子為主題的梅星電車、動物愛護電車、與英國動畫合作的「恰恰特快車」，以及據說車內藏了101隻小玉貓咪圖樣的小玉電車，2021年更推出小玉電車博物館號，內部展示各種小玉的藝術裝置作品，就像行駛於軌道上的博物館，建議可以買一日券，坐坐不同的主題電車，感受和歌山樸實田園風情間的童趣。

和歌山電鐵 貴志川線

線上預約最確實

Tips 許多熱門的觀光列車皆需要事先預約，建議可先到官網了解相關資訊，並事先完成預約。而像JR也有不少特急列車是全車指定席，沒有自由座，若有旅途中安排搭乘，可以在乘坐列車的三天前至車站窗口劃位購票，或是透過官網訂票，並在一個月前線上劃位。

JR西日本 網路訂票

鯛魚電車

面對紀淡海峽的加太，是一處寧靜的小漁村，也是關西地方首屈一指的賞落日勝地。近年來「南海電鐵加太線」將代表加太與幸福的「鯛魚」化作列車，並結合加太的淡嶋神社「緣結」的特色，吸引許多遊客前來搭乘。鯛魚列車目前共有五個款式，分別有粉紅媽媽鯛魚「さら」、粉藍爸爸鯛魚「かい」、紅色小孩鯛魚「なな」、漆黑冒險船「かしら」，和連繫太古到未來海洋的彩虹列車「かなた」，每台列車不只外裝繽紛可愛，就連車廂內的拉環、座椅，每一處小細結都不放過，坐上列車心情也跟著雀躍起來，好像自己化身鯛魚悠游於鐵道上。

南海電鐵 鯛魚電車

在日本搭公車
路線都好複雜？

主要有市區公車和長距離巴士兩種。在部分日本地區，使用公車可能比鐵路更為方便。另外還有長距離聯絡的高速巴士和夜間巴士，可以為精打細算的旅客省下不少旅費。

公車乘車step by step

尋找站牌、上車
依照要前往的方向尋找正確站牌。

前方看板顯示下車站，
對照整理券號碼確認應付金額
電子看板會顯示即將抵達的車站。因為是按里程計費，因此另一張表格型的電子看板會隨著行車距離，有號碼和相對應的價格。

到站按鈴，從前門投幣下車
和台灣一樣，到站前按鈴就會停車。從駕駛旁的前門投幣下車，將整理券和零錢一起投入即可。如果沒有零錢也可以用兌幣機換好再投。

Tips
搭公車不知道下車該付多少錢？
依距離計費的公車，在上車時都有抽取整理券的機器。整理券是用來對應區間、確認車資，如果沒有這張券的話，下車時就得付從發車站到下車站時的車資，所以建議上車時一定要記得抽取。

高速巴士、夜間巴士
是坐車時付錢嗎？
高速巴士和夜間巴士需要購票後才能搭乘。雖然現場有空位的話還是可以買票後馬上坐，但因為沒有站票，若遇到連假或尖峰時間很可能會沒位可坐。所以推薦預先透過網路訂票，再到便利商店付款取票。若整個行程天數較多，在乘車日前幾天先繞去把票買好，就不用擔心當天沒有票可買。

在日本要如何用自動售票機買票或加值？

自動售票機購票

Step1
在票價表找出目的地，
便可在站名旁看到所需票價。

Step2
將銅板或紙鈔投進售票機。

Step3
按下螢幕的「きっぷ購入(購買車票)」。

Step4
接著按下所選目的地票價即可。

交通儲值卡ICOCA

由JR西日本推出的ICOCA是類似悠遊卡的儲值
票卡，只要在加值機加值便能使用，如果卡片
中餘額不足，無法通過改札口，則必須在精算
機精補足餘額，也可以直接在精算機加值。

Step1 找到精算機
通常改札口旁都會設有精算機，上方會寫有
「のりこし精算機」和「Fare Adjustment」。

Step2 將票放入精算機

Step3 投入差額
可選擇投入剛好的差額(精算)
或儲值(チャージ)。

Step4 完成

我想要租車得考慮什麼呢？

離開都會區，許多潛藏的優美景點卻沒有大眾交通工具可以到達，要盡覽迷人風光，開車旅行是最佳方式。但在異國開車心中總是不太踏實嗎？該注意的我們幫你整理在這裡：

先注意這些事

◎只玩各大主要城市可避免租車
◎記得在台灣申請駕照譯本、並攜帶駕照正本
◎保全險是一定要的
◎事故擦撞一定要報警，保險才會理賠

日文譯本駕照

2007年9月開始，日本政府正式承認台灣駕照，只要持有本國駕照的日文譯本就可以在日本合法開車，輕鬆上路。

地點：全台各地的監理站或監理所可辦
價格：100元

緊急求助

很多路標下方會加設指示牌，顯示所在地內相關的道路情報中心的電話號碼。遇到緊急狀況，可致電給他們，或是租車公司、JAF的緊急救援電話尋求援助。

JAF道路服務救援專線
電話：0570-00-8139

Tips ❶ 先查好景點、Map Code

日本租車時，利用車上的導航，除了輸入地點的地址、電話之外，亦可以輸入Map Code來進行設定。通常若是不會日文，建議可以事先查好Map Code，要輸入時才不會手忙腳亂。

Tips ❷ 休息站

開車時見到大大的「道の駅」指示，就知道休息站到了。日本的休息站與台灣的一樣，提供休憩空間及餐飲，其中有許多擁有美麗的視野，並販售當地知名的美食，開車經過時，不妨就進去小憩片刻。

Tips ❸ 注意額外費用

人多共乘自駕，看起來好像很省錢，其實除了租車、保險的費用之外，加油費、停車費、快速道路過路費等都是一筆不小的花費，有時候還不如搭火車比較省錢又省力呢！

高速道路

關西地區幅員廣大，利用高速公路可以省下不少的交通時間，缺點就是費用稍貴。想進入高速道路，順從導航系統的指示開車(設定時選「使用有料道路」)，途中的綠色看板即為高速道路的專用標誌。若車上沒有ETC卡，即開往「一般」車道，因日本高速道路的收費方式為「入口取通行券，出口付過路費」，在入口處的發券機抽領通行券後即可上高速道路。抵達道路出口時，放慢速度，通常出口附近都有價目表可查看，在收費站將通行券交給收費員並支付費用，即可順利出高速道路。

推薦網站

◎查詢高速道路費用
ドラぷら ☜ www.driveplaza.com

◎規劃路線
YAHOO! JAPANロコ ☜ maps.loco.yahoo.co.jp
Google地圖 ☜ maps.google.com.tw
NAVITIME ☜ www.navitime.co.jp

公路常見用字
IC：Interchange，交流道。
JCT：Junction，系統交流道，也就是兩條以上高速公路匯流的地方。
PA：Parking Area，小型休息站，通常有廁所、自動販賣機，餐廳則不一定。
SA：Service Area，大型休息站，廁所、商店、餐廳齊全以外，一般也設有加油站。

實用單字

異地還車
乗り捨て
no-ri-su-te
※意指甲地借、乙地還，不同區間則需要外加費用。

折價、優惠
割引
wa-ri-bi-ki

衛星導航
カーナビ
(car navigator)
ka-na-bi

車禍
交通事故
ko-tsu-ji-ko

收費道路
有料道路
yu-ryo-do-ro

實用會話

請問這裡的地址是什麼？
ここの住所を教えてください。
ko-ko no jyu-syo wo o-shi-e-te-ku-da-sai.

受傷了
ケガをしました。
ke-ga wo shi-ma-shi-ta.

車子不能發動
車が動かない。
ku-ru-ma ga u-go-ka-nai.

反鎖了
鍵を閉じ込めました。
ka-gi wo to-ji-ko-me-ma-shi-ta.

爆胎了
パンクです。
Pan-ku-de-su.

車子該停在哪裡？
車はどこに停めればいいですか。
ku-ru-ma wa do-ko-ni to-me-re-ba ii-de-su-ka.

有停車場嗎？
駐車場はありますか。
chu-sha-jo wa a-ri-ma-su-ka.

電瓶沒電了
バッテリーが上がりました。
batte-ri ga a-ga-ri-ma-shi-ta.

沒油了
ガス欠です。
Ga-su-ke-tsu-de-su.

拋錨了
故障しました。
ko-syo shi-ma-shi-ta.

哪些景點適合參加
一日遊旅行團,怎麼選擇?

若對郊區交通較無自信的人,也可以適當地穿插一些一日團體行程,將行程延伸至交通較麻煩的景點,同時也能保留都心的自由行程。以京阪神為例,通常會以都心為據點,參加前往關西近郊的行程。這類行程有包餐、不包餐,包門票、不包門票的區別,選購時可以多方比較。推薦可以選擇的團體行地點:

天橋立、伊根 天橋立、伊根距離京都、大阪搭乘電車至少2小時以上,直達車班次並不多,通常建議安排兩天一夜,但如果因為時間因素只能安排一天,參加跟團行程時間會更加充裕。

美山 京都美山地區最知名的就是與世隔絕的合掌村,前往美山的交通並不輕鬆,搭電車出站後,還要再搭乘將近1小時的巴士才會抵達。旅行團行程通常會將美山與天橋立串聯,一天就能看盡京都郊區美景。

城崎溫泉 城崎溫泉位於兵庫縣北海岸附近,自行搭車前往較花時間,不妨選擇一日巴士串聯周遭行程最為方便。

琵琶湖 這座日本最大的湖泊如一顆梨形的藍寶石鑲在滋賀中心,因為面積十分遼闊,如果沒有自駕,可以選擇跟團最輕鬆。

有馬、六甲 有馬溫泉與六甲山百萬夜景常被旅人規劃在一起遊玩,但沿途須搭乘多種交通工具。如果不想費神安排路線,想從大阪出發一日遊,便可考慮跟團一日遊,坐上車輕鬆跟著玩就好。

想參加團體行程,有建議的旅行社嗎?

KKDay、KLOOK等旅遊平台網

近年來興起的旅遊平台網,不只可以購買優惠票券,也販售不少京阪神出發的一日旅行團。這類行程大多以拼團的方式進行,但好處是導覽能以華語導覽,在解說行程與時間時能夠精確溝通,不怕雞同鴨講。

有什麼推薦的體驗活動？

乘遊覽船餵海鷗

航程一次約半小時，除了能在伊根灣海面上以不同視角欣賞舟屋景色，乘船前不妨買包海鷗飼料蝦味先，沿途海鷗群會追逐於船身一旁，從旅客手中叼走飼料，偶爾還會有老鷹加入，緊張刺激又有趣！

創作獨一無二泡麵

發明泡麵的人，正是現在日本最大食品公司日清食品的創辦人——安藤百福。大阪池田的杯麵博物館中可以認識泡麵的發展，了解有關泡麵的故事與歷史，最特別的是人人都可來此付費體驗製作屬於自己味道、獨一無二的泡麵。

行程安排小提醒

Tips

·熱門點挑平日
熱門旅遊地平常就已經夠多人了，若是遇上日本連假，不僅人潮更多，飯店也會漲價，尤其要避開日本黃金週(5月初)及新年假期(12月底~1月初)，才不會四處人擠人。

·確認休日
心中已有必訪景點、店家清單時，別忘了確定開放時間，以免撲空。

·決定備案
旅行途中因為天氣、交通而掃興的例子很多，不妨在排行程時多安排一些備案，如果A不行，那就去B，這樣會更順暢。

入住伊根舟屋

位在京都北部的伊根是座臨海的純樸漁村，伊根灣沿岸一幢幢獨特的「舟屋」是重要的傳統建築，一樓供船舶停靠，二樓則是生活起居的空間，體現了將漁業融入生活的在地文化。如今許多舟屋轉型成民宿，讓旅人也能感受與海洋近距離相處的生活。

登上明石海峽大橋

參加Bridge World Tour，登上明石海峽大橋，踏上一般觀光客不能進入的海上維修步道，在海上走1公里後來到主塔，搭上電梯即能從289M的制高點欣賞明石海峽的絕色美景。全程不太用爬上爬下，只要穿雙耐走的鞋子就行！

茶道體驗

宇治茶等於日本高級茶的代名詞，宇治市政府為推廣日本茶成立了「對鳳庵」，讓一般人也有機會親近茶道。對鳳庵是完全針對觀光客而設的茶道體驗教室，可說是老少咸宜，就算是外國人也不會感到太過拘束。

可以開旅行必備品的清單給我嗎？

旅行中，每個人所需要的東西不太相同。除了一些較私人的物品之外，這裡列出一般人會需要的東西，以供參考：

證件

☐	護照／影本
☐	身份證
☐	駕照日文譯本
☐	駕照正本
☐	備用大頭照2張

行程相關

☐	外幣現鈔
☐	少許台幣現鈔
☐	電子機票
☐	預訂飯店資料
☐	預訂租車資料
☐	行程／地圖
☐	導覽書

電子產品

☐	手機充電線
☐	相機／記憶卡／電池
☐	行動電源
☐	筆電／平板

衣服配件

☐	上衣
☐	褲子
☐	備用球鞋
☐	襪子
☐	內衣褲
☐	外套
☐	圍巾
☐	泳衣
☐	帽子
☐	太陽眼鏡
☐	雨傘

清潔護膚用品

☐	洗臉用品
☐	牙刷／牙膏
☐	防曬乳
☐	化妝品
☐	毛巾
☐	梳子

常備雜物

☐	自己的藥
☐	腸胃藥
☐	蚊蟲咬傷用藥
☐	OK繃
☐	水壺
☐	小剪刀／水果刀
☐	面紙/濕紙巾

旅行中有什麼實用的APP？

現代人蒐集旅遊資訊，當然不能少了APP這一項，以下是到日本旅遊時實用的APP，建議大家事先安裝好，才可以隨時應變。

tenki.jp

日本氣象協會推出的APP，天氣變化、櫻花、紅葉、下雪情報都在其中，是確認天氣不可或缺的超實用程式。

Payke

在日本盡情購物時苦於看不懂商品包裝和成分嗎？有了Payke，只要掃描條碼就能快速得知商品訊息，目前支援包括繁體中文、英文在內的七種語言，登錄的商品數多達35萬件，讓不會日文的外國人也能輕鬆了解商品魅力！(也可利用Google翻譯，開啟相機來偵測翻譯)

gurunabi

可以依網友評價來判斷餐廳、咖啡廳等是否值得前往，也能直接預約餐廳。不知道吃什麼的時候，也可以用來搜尋所在地附近美食。

NAVITIME for Japan Travel

針對外國旅客推出的旅遊APP，不僅有WIFI、寄物等服務資訊，也有文化介紹，最方便的要屬轉乘搜索功能，可以直接從地圖點選車站。
※此APP檔案較大且需要簡單設定，出發前記得先安裝好。

乗換案内

搭車、轉車時的好幫手。日本全鐵道系統皆支援。只要輸入出發站與目的站的日文名稱，便能提供多種交通選項，搭乘月台、車資等也都清楚標示。

福井縣

若峽灣

鳥取縣

伊根

城崎溫泉

天橋立

湯村溫泉

宮津

豐岡

舞鶴

福知山

京都府

美山

兵庫縣

比叡山

筱山

京都

大津

琵琶湖

滋賀縣

岡山縣

姬路

有馬溫泉

赤穗

明石

神戶

大阪

宇治

大阪灣

大阪府

小豆島

關西國際機場

三重縣

淡路島

香川縣

奈良縣

熊野灘

德島縣

和歌山縣

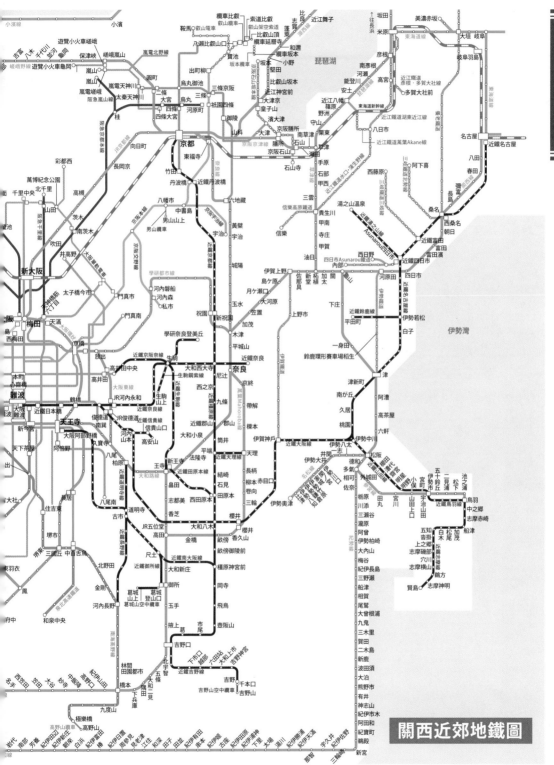

關西近郊地鐵圖

京都排行程入門指南

曾有千年作為日本首都的京都，至今仍保有相當豐富的歷史遺跡，風雅、沉穩就是京都的代名詞。由於交通便利又別具傳統文化特色，京都一直是眾多外國遊客的旅日首選城市，走在這座古都的大街小巷，町屋、藝妓、寧靜的山水風景映入眼簾，彷彿能感受到過去的時光凝結在此。

Q

**我到京都觀光
要留幾天才夠？**

Q

**天氣跟台灣
差很多嗎？**

Q

**什麼季節去
最美？**

A

京都充滿歷史文化與自然美景，一般建議至少安排**2至3天**的行程。除了市區的**清水寺、伏見稻荷、嵐山**等主要景點以外，也別忘了到鞍馬、貴船、宇治逛逛。如果時間充裕，可以再安排近郊的**美山、天橋立、伊根**等地欣賞與市區古都風情綻放不同風采的自然風光。

A

京都夏季就像台灣一樣高溫潮溼，適合安排室內景點。入冬後雖然不常下雪，但**冬季平均氣溫多半在10度以下**，特別是沿海地區更容易感到寒冷。3月底前後步入春季慢慢回溫，春秋兩季氣候宜人適合旅遊，但早溫溫差仍大，建議**搭配洋蔥式穿搭**，避免著涼。

A

京都四季都好玩！春季（3月底至4月初）在鴨川、祇園周遭盛開的**櫻花漫天飛舞**，秋季（11至12月）嵐山一帶楓紅遍野也是絕美。夏季7月來到京都可以參加日本三**大傳統祭典之一的祇園祭**，華麗又熱鬧的前祭和後祭是祭典的重頭戲；冬日偶遇下雪時，一定要把握難得機會到金閣寺、貴船或是天橋立等地看看**古都別具特色的雪景**。

有了基本認識後，現在，就來打造最適合自己的旅遊行程吧！

從機場要搭什麼車進入京都？

JR特急HARUKA

從關西機場進入京都市區，第一推薦的就是JR的特急HARUKA，特急HARUKA不但速度快、直達京都駅，省了提行李轉車的麻煩，JR也特別推出多張專供外國旅客使用的優惠票券，大多都可搭乘HARUKA！

路線名	目的地	時間	價格(通常期)
特急HARUKA	京都	約95分	指定席￥3640 自由座￥3110

利木津巴士

如果不想在車站中拖著行李上下，也可以考慮搭乘利木津巴士，從關西機場第一、第二航廈入境大廳走出去就能搭乘，不過有可能遇到人多上不了車、路上塞車車程較久的問題。

乘車處	目的地	時間	價格
第1航廈：8號月台 第2航廈：2號月台	京都車站八條口	約90分	￥2800

* 若預計從京都往返機場，可以考慮購買往返票￥5100（無兒童票），去程限購票當日使用，回程在購票日起14日內可使用。

有什麼優惠車票適合我？

	HARUKA單程車票 HARUKA One-way Ticket	JR關西廣域鐵路周遊券 JR Kansai WIDE Area Pass	JR關西地區鐵路周遊券 Kansai Area Pass
使用區間	関西空港往返大阪、神戶、京都、奈良地區的JR電車單程車票	山陽新幹線：新大阪～岡山 JR西日本鐵路：指定區間 丹後鐵道全線 和歌山電鐵全線 智頭急行：上郡～智頭 西日本JR巴士：京都市內、若江線 Ekirin Kun自行車租借：指定區域內	西日本JR電車：京都、大阪、神戶、姬路、奈良、滋賀指定區間 西日本JR巴士：京都市內路線 京都市營地鐵全線（僅一日） 京阪電車：石清水八幡宮～出町柳站、宇治線、石清水八幡宮參道纜車（僅一日） 阪急電車：京都線（僅一日）
價格	關西機場～京都¥2200 ※6-11歲兒童半價	¥12000 ※6-11歲兒童半價	1日¥2800 2日¥4800 3日¥5800 4日¥7000 ※6-11歲兒童半價
有效時間	1日	連續5日	連續1~4日
使用需知	·JR普通、快速、新快速列車皆可搭乘，特急列車則僅可搭乘Haruka。 ·可至綠色售票機或綠色窗口使用票券免費指定Haruka座位一次。 ·可於指定區間的任何JR車站下車，出站車票即失效。	·可免費、不限次數於綠色售票機或綠色窗口預約指定席，但第七次起只能於綠色窗口預約。 ·若是於官網訂購票券，可自乘車時間1個月前於官網預約座位。 ·若想搭乘1等車廂或A-Seat車廂，則需另購票券。 ·自行車租借限12歲以上可使用，限當日借還。	·周遊券內含JR周遊券一張，以及以下三張票券的兌換券：京阪電車-京都觀光一日券、京都市營地鐵一日券、阪急電車京都線一日券。 ·兌換券須在周遊券有效期間至指定地點兌換後才可使用。 ·JR普通、快速、新快速列車皆可搭乘，特急列車僅可搭乘HARUKA，可免費指定HARUKA座位2次。 ·不含指定席、特急券，若要搭乘需另外購票。
售票處	於台灣代理店或JR西日本官網預訂，到日本後，至指定車站綠色售票機或觀光服務處兌換。	於台灣代理店或JR西日本官網預訂，到日本後，至指定車站綠色售票機或觀光服務處兌換。	於台灣代理店或JR西日本官網預訂，到日本後，至指定車站綠色售票機或觀光服務處兌換。
官網			
購買身分	持短期停留簽證的外國旅客，兌換票券需出示護照。	持短期停留簽證的外國旅客，兌換票券需出示護照。	持短期停留簽證的外國旅客，兌換票券需出示護照。

京都

035

	近鐵電車周遊券 KINTETSU RAIL PASS	關西鐵路卡 KANSAI RAILWAY PASS	京都地下鐵巴士一日券 京都地下鉄・バス1日券
使用區間	近鐵電車：基本1日券包含京都、大阪及部分奈良區域，範圍依天數而擴大 生駒登山車 西信貴登山車：僅2日版本以上包含 奈良交通巴士：範圍依天數而異 伊賀鐵道全線：僅5日版本包含 三重交通巴士：指定區間，僅5日plus版本包含	京都、大阪、神戶、比叡山、姬路、和歌山、奈良、高野山的私鐵電車與地鐵，近鐵有指定區間，其餘皆為全線可搭乘	京都市營地鐵全線 京都市巴士：含觀光特急巴士 京都巴士：指定區間 京阪巴士：指定區間 西日本JR巴士：指定區間
價格	1日¥1800 2日¥3000 5日¥4500 5日plus¥5700 ※6-11歲兒童半價	2日¥5600 3日¥7000 ※6-11歲兒童半價	大人¥1100 兒童¥550
有效時間	連續1、2、5日	任選2~3日	1日
使用需知	·於台灣代理店購票後，須於6個月內兌換成實體票券。 ·無法搭乘特急列車。若要搭特急列車，需另外購買特急券。 ·使用期間憑票券可享沿線的設施優惠。	·為磁卡票券，刷票走一般閘口即可。 ·部分車站沒有適用的自動剪票機，每日初次乘車前請用油性黑筆填寫票券背面的「利用月日」，並出示票券背面給站務人員看。 ·只能搭乘自由座。若要搭乘指定席，需加購指定席券。 ·出示票券可享有關西地區將近200處景點、店家的優惠折扣。	·若初次使用是在市巴士、京都巴士，要在繳費箱上的讀卡機插入票券，讓票面背面印上使用日期。 ·若初次使用是在京阪巴士、西日本JR巴士，請在正面寫上使用日期。 ·搭乘上車處有整理券的巴士時，上下車都要將票券插入讀卡機。 ·使用期間憑票券可享沿線約60處的設施優惠。
售票處	可以在台灣代理店內購買，至日本後再持QR Code換車票。也可以抵達日本後直接購買，5日券、5日券plus在日本購買價格會貴200円。 主要購票地點：大阪難波、大阪上本町、大阪阿部野橋、京都、近鐵奈良各站；關西國際機場、京都關西旅遊資訊服務中心。	可以在台灣代理店內購買，至日本後再持券換車票。也可以抵達日本後直接購買。 主要購票地點：關西國際機場和京都的關西旅遊資訊服務中心、Osaka Metro難波/天王寺/梅田各站定期券售票處、京都站前公車綜合服務處。	京都市營地鐵各站、定期券販賣處、京都市巴士營業所、巴士車內（可能有售完狀況）、京都市巴士·地鐵案內所、京都綜合觀光案內所、京都關西旅遊資訊服務中心、日本旅行TiS京都店。
官網			
購買身分	持短期停留簽證的外國旅客，兌換票券需出示護照。	持短期停留簽證的外國旅客，兌換票券需出示護照。	無限制

	京都地鐵1日券 京都地下鉄1日券	京都觀光一日券 KYOTO SIGHTSEEING PASS	叡山電車一日乘車券 叡山電車1日乘車券 「えぇきっぷ」	海之京都天橋立伊根周遊券 海の京都　天橋立・伊根 フリーパス
使用區間	京都市營地鐵全線	京阪電車：石清水八幡宮～出町柳站、宇治線、石清水八幡宮參道纜車	叡山電車全線	京都丹後鐵道全線 路線巴士：宮津駅～天橋立駅前～天橋立ケーブル下～伊根湾めぐり・日出～伊根 天橋立觀光船 天橋立傘松公園登山車/個人纜車往返 伊根灣遊覽船
價格	大人¥800 兒童¥400	海外販售¥700 日本國內¥800	大人¥1200 兒童¥600	1日大人¥3550　兒童¥1780 2日大人¥4550　兒童¥2280
有效時間	1日	1日	1日	連續1~2日
使用需知	·於自動販賣機購買的票券限購買當日有效。 ·於車站窗口可提前購票，初次使用時，會在背面印上日期。 ·使用期間憑票券可享沿線的設施優惠。	·為磁卡票券，刷票走一般閘口即可。 ·若要乘坐指定席車廂Premium Car，須另行付費。	·於購票機購買的票券僅限購票當日有效；於窗口購買的票券須於下個月底前擇一日使用。 ·若在無人車站下車，由前門下車時須出示票券上的乘車日期供司機確認。 ·出示票券可享有沿線寺廟、餐飲店及土產店的優惠。	·丹後鐵道限搭乘普通列車、快速列車和特急自由座，若要搭乘觀光列車「赤松號」，需另外加購乘車整理券。 ·無法搭乘丹後鐵道觀光列車「黑松號」。 ·若搭乘特急指定席，需另購特急指定席券。
售票處	京都市營地鐵各站窗口、自動售票機、京都市巴士·地鐵案內所、定期券販賣處。	可以在台灣代理店內購買，至日本後再持QR Code換車票。也可以抵達日本後直接購買，在日本購買價格會貴100円。主要購票地點：關西國際機場第1航廈關西旅遊資訊服務中心、京都關西旅遊資訊服務中心、京阪電車三条駅。	出町柳、八瀬比叡山口、貴船口、鞍馬各站的購票機；出町柳站、修学院站事務所、京都塔3樓關西旅遊資訊中心的窗口	宮津棧橋宮津案內所、天橋立棧橋旅客船營業所、京都丹後鐵道有人車站
官網				
購買身分	無限制	持短期停留簽證的外國旅客，兌換票券需出示護照。	無限制	無限制

京都的 **東西南北馬上看懂**

日本海

伊根●

京丹後●

若狹灣

天橋立●

舞鶴●

京

都

府

美山
●

滋賀縣

琵琶湖

大原●

比叡山●

京都
●

兵庫縣

大阪府

宇治
●

奈良縣

淡路島

大阪灣

東海道新幹線

我要住哪一區
最方便？

Point! 除了選擇交通便利的地方，想深入玩不妨實際住一晚！

❶京都駅：

京都車站是京都的交通轉運中心，重要的鐵道都匯集於此，以京都車站為中心，無論前往大阪、神戶或近郊景點都非常方便，周遭不乏百貨購物商場與美食餐廳，旅館價位會比靠近熱門景點的祇園四条地區還划算，尤其以車站後站更為便宜。

❷祇園四条：

如果想遊覽京都市周遭景點，十分推薦入住祇園四条一帶，搭乘電車、公車前往嵐山、祇園、清水寺、伏見稻荷或是貴船鞍馬都很方便，周遭也有知名的錦市場以及眾多百貨商場，逛都逛不完。

❸宇治：

宇治是如詩如畫的小山城，有著溫婉的山水風景，也是著名宇治茶的故鄉，更以源氏物語之鄉讓人嚮往。如果厭倦市中心的人潮，不如來宇治住一晚，聽著宇治川潺潺水聲，享受優閒寧靜的氣氛。

❹天橋立：

天橋立、伊根一帶被稱為海之京都，沙洲杉樹、舟屋形成的靜謐海岸風景和京都市區的古都氛圍截然不同，推薦安排2天行程才能好好悠閒享受。天橋立一帶有不少溫泉旅館，從平價旅館到提供精緻餐點的高級老字號旅館都有，可以依自己的預算做選擇。

❺伊根：

喜歡海景的旅人一定不能錯過伊根，住進建在海港一旁的舟屋，在房內就能看著清澈湛藍的海水在眼前閃耀，夜晚在海浪輕柔拍打聲中沉沉睡去。面海的舟屋普遍價格較高，但有些民宿也有提供使用公共衛浴的雅房房型，能以較實惠的價格入住。

京都車站
周邊景點一日遊

🏷 京都塔　水族館　鐵道　拉麵　五重塔

京都駅嶄新高科技結構的外觀，讓許多來到京都探尋古都風味的旅客都大吃一驚。車站直接與百貨連結，購物或轉乘機能都相當齊全，走出車站就能看到地標京都塔，再走遠一點，梅小路公園一帶有鐵道博物館和水族館，而磅礴而立的古寺也都在周遭，可以體會京都市內古今融合的印象。

早	**09:30** 京都駅 **10:00** 京都鐵道博物館
午	**12:10** 梅小路パークカフェ／午餐 **13:30** 京都水族館 **16:00** 東寺
晚	**17:00** 京都塔 **17:30** JR京都伊勢丹 **19:00** 京都拉麵小路／晚餐

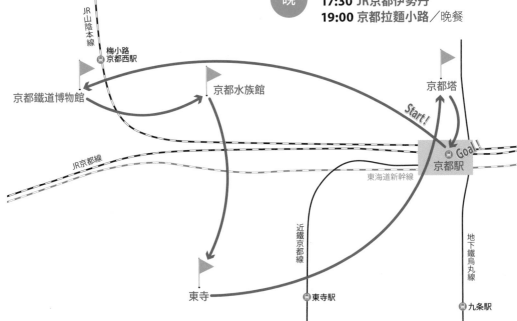

食購玩樂通通有
大人小孩都愛的京都車站

Point! 車站周遭景點很適合
利用巴士串聯！

Start！

09:30 🚌 京都駅 JR線

¥150

電車 **2分** 搭9:42發往嵯峨嵐山的
JR山陰本線

09:44 🚃 梅小路京都西駅 JR線

步行 **3分** 位於梅小路公園內

京都鐵道博物館

10:00

停留時間 **2小時**

館內以一具大型的扇形車庫為主要展場，收藏有大量的鐵道文獻歷史資料，可以深入研究京都鐵道的歷史與文化，戶外體驗區還能搭乘蒸汽火車，不論大人小孩都能盡到寓教於樂的歡樂時光。

地址 京都市下京區観喜寺町 **時間** 10:00～17:00(入館至16:30) **休日** 週三(遇假日及春假、暑假照常開館)、年末年始(12/30~1/1) **價格** 成人¥1500，大學高中¥1300，國中小¥500，3歲以上¥200，蒸汽火車搭乘券高中以上¥300，國中以下¥100 **網址** www.kyotorailwaymuseum.jp

步行 **2分**

12:10

梅小路パークカフェ

停留時間 **1小時**

梅小路Park Cafe位於梅小路公園內的鏘鏘電車車站及兒童遊具區旁，以當日直送的新鮮京野菜、自家製甜點及咖啡等頗受好評，豐富的菜單從外帶野餐盒、內用餐點、早餐、兒童餐及飲料，或想來一支霜淇淋通通有。

地址 京都市下京區親喜寺町15 梅小路公園內 **時間** 9:00~18:00 **價格** 京野菜PIZZA¥1100，飲品¥300起 **網址** www.u-parkcafe.com

步行 5分

位於梅小路公園內

京都水族館

13:30

停留時間 2小時

京都市並不靠海,但三面環山的京都盆地自古便盡享河流的恩惠。京都水族館負起教育責任,以「水生生物並非只在大海中生活」為出發點,將從源頭至汪洋大海的生態體系完整呈現,介紹給內陸的孩子們。

地址 京都市下京區親喜寺町35-1梅小路公園內 時間 10:00~18:00(依日期變化,詳見官網) 價格 成人￥2400,高中￥1800,國中小￥1200,3歲以上￥800 網址 www.kyoto-aquarium.com

餵食秀和海豚表演都很受歡迎!

步行 11分

東寺

16:00

停留時間 30分

東寺初建於平安京遷都時期(西元794年),建築毀於多次戰亂烽火,現在所見則是距今約500年前的江戶初期所重建。東寺藏有眾多國寶及重要文獻,於1994年被登錄為世界遺產。

地址 京都市南區九条町1 時間 金堂・講堂8:00~17:00,観智院、宝物館9:00~17:00,宝物館為期間限定開館 價格 金堂・講堂共通券成人￥500,高中￥400,國中以下￥300;寶物館、觀智院高中以上￥500,國中以下￥300;特別拜觀期間價格另計 網址 www.toji.or.jp

每月21日是弘法大師的忌日,境內會舉辦市集「弘法市」。

順遊推薦

舊花街・島原

現在已是安靜住宅區風貌的島原,百年前是京都最早設立花街。這裡至今仍可見到過去被稱為「置屋」(藝者們的訓練處)、「揚屋」(類似料亭,可以找藝妓們同歡)的氣派老屋建築,像是被列為文化財的「角屋」及仍營運中的「輪違屋」,也有揚屋改成的咖啡館,適合來一趟悠閒歷史漫步。

地址 京都市下京區西新屋敷町

¥230

16:46於「東寺東門前」站搭42號巴士
至「京都駅前」站

巴士
3分

京都駅
JR線

17:00

京都塔的代表吉祥物「TAWAWA醬」(たわわちゃん)是京都塔為了紀念開業40年而設計出來的可愛角色。

京都塔

停留時間
30分

京都塔是京都駅前最醒目的地標，建築以海上燈塔為藍圖，蘊含著照亮京都古老城鎮的寓意。京都塔上有展望台，雖然只有100公尺高，但由於古都的禁建令，一般房舍都不高，所以從這裡可以360度欣賞京都的風景。

地址 京都市下京區烏丸通七條下ル東塩小路町721-1(JR京都駅正面) 時間 展望台10:00~21:00(入場至20:30) 價格 展望台成人￥900，高中￥700，國中小￥600，6歲以下￥200

網址 www.keihanhotels-resorts.co.jp/kyoto-tower/

京都

京都車站內

步行
2分

JR京都伊勢丹

17:30

停留時間
1.5小時

京都駅大樓的JR伊勢丹百貨包括各種話題性十足的餐廳、咖啡館，美妝、雜貨小物也一應俱全，多種京都限定的伴手禮也都能在這裡購入，便利的交通匯集地結合商場，成為許多旅人來京都必逛之處。

地址 京都市下京區烏丸通塩小路下ル東塩小路町 時間 10:00~20:00，11F美食街11:00~22:00，7~10F OPEN VIEW RESTAURANT11:00~23:00

網址 kyoto.wjr-isetan.co.jp

步行
2分

從京都駅大樓南電梯搭至10樓

19:00

京都拉麵小路

停留時間
1小時

京都拉麵小路集合了日本各個地區最火紅的人氣拉麵店，要用最濃醇味美的湯頭、口感絕佳的麵條和叉燒肉，將京都駅裡的人潮通通都給吸引過來。無論是札幌、京都、博多等等，想要盡嚐日本各地的美味拉麵，來到這裡準沒錯！

地址 京都駅ビル10F 時間 11:00~22:00(L.O.21:30) 網址 www.kyoto-ramen-koji.com

Goal !

清水寺·祇園 古都風華一日行

清水寺　町家建築　老街　和服　藝妓

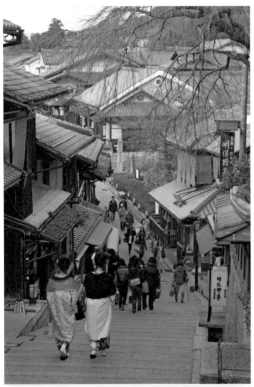

由清水寺逛到祇園、河原町一帶，是京都初心者的基本必看行程。眼前盡是一幢幢傳統町屋建築，不時有身穿和服的旅客與藝妓經過，讓人不禁誤以為闖入過去時光。

 早
08:30 京都駅
09:00 清水寺
11:30 法觀寺

 午
12:00 安井金比羅宮
12:45 いづ重／午餐
14:00 八坂神社
15:10 祇園花見小路
16:00 錦天滿宮
16:30 錦市場

 晚
18:23 京都駅

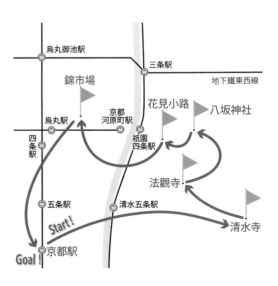

京都精華景點串聯 古都風光魅力無限

Point! 行程步行距離稍長，但途中小店、寺社密集，很適合挑雙好穿的球鞋慢慢走慢慢逛！

Start！

08:30 京都駅 JR線
¥230

巴士 **16**分

8:35於「京都駅前」D2月台
搭206號巴士至「清水道」站

清水舞台靠著超水準的接榫技術，沒有動用任何一根釘子。

08:51

步行 **11**分

沿清水坂的上坡前行即達

清水寺

09:00

停留時間 **2**小時

清水寺位於京都洛東東山境內，正殿殿前的木質露台被稱為「清水舞台」，使用139根木頭架構而成。後方的音羽の滝相傳可以預防疾病與災厄，因此又有「延命水」的別稱。每年到了春櫻秋楓之時，清水寺都會開放夜間特別拜觀。

地址 京都市東山區清水1-294　**時間** 6:00~18:00，7、8月~18:30，夜間特別拜觀~21:30　**價格** 高中以上¥400，國中小¥200　**網址** www.kiyomizudera.or.jp

沿清水坂下坡右轉三年坂，途中小店值得細逛！

步行 **9**分

法觀寺

11:30

停留時間 **15**分

法觀寺通稱「八坂塔」，由三年坂往下坡拍攝八坂塔矗立於町屋與石街之中的畫面，是京都最具代表性的一席風景。八坂塔相傳是在1500年前聖德太子所建，經過多次祝融之災，現在的塔身建築是1440年由幕府將軍足利義教重建。

地址 京都市東山區八坂上町388　**時間** 10:00~15:00　**價格** 國中以上¥400　**註** 不接受國中生以下參觀

步行
7分

安井金比羅宮

12:00

停留時間
30分

安井金比羅宮是以保佑結良緣、斬惡緣而聞名的神社，境內最醒目的是個覆滿白色籤紙、中間有開口的「緣切緣結碑」，在籤紙上寫下願望後，如是祈求良緣，要從石洞的裏口爬到表口，想切斷惡緣則反過來從表口往裏口。

地址 京都市東山區東大路松原上ル下弁天町70
時間 自由參觀；繪馬館、玻璃館10:00~16:00
休日 繪馬館、玻璃館：週一(遇假日順延翌日休)、年末 **價格** 自由參拜；繪馬館·玻璃館共通票成人￥500，高中以下￥400 **網址** www.yasui-konpiragu.or.jp

步行
7分

停留時間
1小時

いづ重

12:45

いづ重擁有超過60年的歷史，招牌的鯖壽司挑選真鯖魚，直到現在依然搭配用柴火炊煮的米飯，在壽司職人的熟練技巧下一個個壓得緊實，作出完全融合入味的美食。

地址 京都市東山區祇園町北側292-1 **時間** 10:30~19:00 **休日** 週三、四 **價格** 鯖壽司小份￥2820 **網址** gion-izuju.com

若是夏日造訪，也可品嚐季節限定的香魚壽司。

步行
2分

過馬路即達

八坂神社

14:00

停留時間
1小時

八坂神社和圓山公園相通，傳說因為昔日災疫不斷而建廟祈願，是京都藝妓們經常造訪的寺廟，也是京都商人們的信仰，京都人暱稱它為「祇園さん」。建築獨特的神社大殿被稱為「祇園造」，最早的記載見於西元925年。

地址 京都市東山區祇園町北側625 **時間** 自由參觀 **價格** 自由參拜 **網址** www.yasaka-jinja.or.jp

步行 6分 順著四条通即達

祇園花見小路

15:10

停留時間 **30分**

花見小路是日本名氣最大的花街,精華區主要在四条通南面的一段。藝妓們表演的茶屋和高級料亭在林立花見小路兩旁,往兩旁巷弄看去,更能在大門深鎖的木造茶屋間,感受到這裡獨特神秘的氛圍。

註 注意不要擅闖私人道路,也不可未經允許對藝妓舞妓拍照。

沿四条通走至新京極商店街右轉 步行 13分

錦 天滿宮

16:00

停留時間 **30分**

錦天滿宮是錦市場的鎮守神社,也是京都商人們的重要信仰中心,祭拜的神祇菅原道真除了是學問之神外,也掌管商業才能。入口處的黑牛塑像,據說摸了就會有好運,因此牛頭被摸得閃閃發亮。

地址 京都市中京區新京極通四条上る中之町537
時間 8:00~20:00 **網址** nishikitenmangu.or.jp

步行 1分 錦天滿宮出來即是

錦市場

16:30

停留時間 **1.5小時**

從新京極通到高倉通之間的錦小路就是錦市場,有「京都的廚房」之稱,舉凡京懷石料理到一般家常菜的素材都可在此買到,其中也有賣廚具、餐具等日式烹調用具,以及充滿濃濃京都味的美食小舖。

地址 京都市中京區西大文字町609番地 **時間** 約9:00~18:00,依店家而異 **網址** www.kyoto-nishiki.or.jp

¥230

巴士 14分 18:09於「四条高倉」站搭5號巴士至「京都駅前」站下車

18:23 京都駅 JR線

こんなもんじゃの豆乳甜甜圈常常大排長龍。

Goal!

一日走訪京都東山
感受千年歷史

三十三間堂　東福寺　伏見稻荷
千本鳥居　狐狸煎餅

千年古都京都孕育了許多世界遺產，其中在外國人心中最能代表的景色之一，便是沿綿山頭的千本鳥居了。在京都東山一帶拜訪各具不同特色的寺廟與神社，感受歷史在這片土地的駐足。

早	08:30 京都駅
	09:00 伏見稻荷大社
	09:30 仁志むら亭
	10:30 宝玉堂

午	11:20 いづ松／午餐
	12:30 勝林寺
	13:45 東福寺
	15:15 三十三間堂
	16:18 京都駅

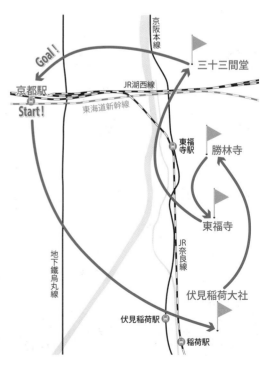

千本鳥居與千座觀音
震撼景觀下尋求心靈寧靜

Point!

伏見稻荷大社如要繞行全山需要約2小時以上，若對體力沒把握或時間不足，可以散步至奧宮就返回。

Start!

境內約有一萬座的紅色鳥居，其中又以本殿通往奧殿的一段最為密集。

08:30

京都駅
JR線

¥150

電車 6分 — 搭8:35發往宇治的JR奈良線

08:41

稻荷駅
JR奈良線

步行 1分 — 出站後過馬路即是表參道鳥居

伏見稻荷大社

停留時間 1.5小時

09:00 日文中，稻荷指的是管理、保佑五穀豐收、生意興隆的神祀，而伏見的稻荷大社更了不得，是全日本四萬多座稻荷社的總本社。除了本殿和奧社，穿過千本鳥居至後方的整座稻荷山也都屬伏見稻荷大社的範圍，繞行全山約需2小時。

地址 京都市伏見區深草薮之內町68 時間 自由參觀 網址 inari.jp

順著神社參道路線登山

步行 25分

仁志む5亭

停留時間 30分

穿過重重鳥居繞行稻荷山，在半山腰就會看到這創業於元治元年(西元1864年)的茶屋。店主提供日式傳統點心、飲用水與簡單卻美味的烏龍麵，讓人可以在這裡歇歇腿。

9:30

地址 京都市伏見區稻荷山官有地四ツ辻 時間 10:00~16:00(L.O.14:30)，週末及假日9:00~16:00(L.O.14:30)，每月1日5:00~15:00 休日 不定休(週五居多) 價格 きつねうどん(豆皮烏龍麵)¥700，ぜんざい(紅豆麻糬湯)¥600 網址 nishimuratei.gorp.jp

步行 **25分** 順著神社參道路線下山

宝玉堂

10:30

寶玉堂是狐狸煎餅的創始店，煎餅中加入白味噌，口感不甜膩，還帶點微微的焦香味，簡單卻讓人停不住嘴的美味再加上可愛的狐狸面具形狀，成為代表伏見稻荷的在地伴手禮。

地址 京都市伏見區深草一ノ坪町27-7 **時間** 7:30~17:00 **價格** 小きつね煎餅(小狐狸煎餅)3枚￥450

狐狸面具形狀的煎餅，拍照打卡必備！

步行 **3分**

10:50 伏見稻荷駅 京阪本線

￥170

電車 **4分** 搭11:06發往出町柳的京阪電車

11:10 東福寺駅 京阪本線

步行 **1分** 出站後於本町通右轉即達

いづ松

11:20

いづ松延續了傳統的京都古風，提供道地的京壽司，最受歡迎的是料理人自豪的鯖壽司，將鯖魚以鹽和醋醃漬一個晚上，魚肉鮮美通通滲入壽司米飯內，夏天更可品嘗到季節鮮味的鱔魚壽司。

地址 京都市東山區本町13 **時間** 10:00~17:00(售完為止) **休日** 週四 **價格** 京壽司(京壽司)￥1620

步行 **10分**

勝林寺

12:30

勝林寺是臨濟宗東福寺的塔頭之一，創建於1550年，供奉的主佛毘沙門天王像傳自平安時代，保佑財運、勝利與驅除惡運。寺內提供坐禪和寫經寫佛體驗，針對外國觀光客則會附上英文說明，相當容易親近。

地址 京都市東山區本町15-79 **時間** 10:00~16:00 **價格** 一般拜觀成人￥800，國小~高中￥500 **網址** shourin-ji.org **備註** 毘沙門堂內禁止攝影拍照；坐禪體驗需以電話、網站或email預約

坐禪體驗歡迎初學者參加，結束後可以留在寺院內喝茶用點心。

步行
5分

東福寺

13:45

停留時間
1小時

東福寺列名京都五山之一，為臨濟宗東福寺派的大本山。東福寺方丈內苑的八相庭，是重森三玲在1938年的作品，也是近代禪宗庭園的代表作，庭園秋日綠苔石上楓紅似錦，春天則有粉紅杜鵑相互配搭，色彩繽紛而和諧。

地址 京都市東山區本町15-778　**時間** 4~10月9:00~16:30，11~12月初8:30~16:30，12月初~3月9:00~16:00，最終入場為閉門前半小時　**價格** 本坊庭園成人¥500、國中小¥300；通天橋・開山堂成人¥600、國中小¥300(秋季調漲價格)

網址 tofukuji.jp

東福寺是京都賞楓名所，秋季火紅遮天的景色吸引人潮前來。

步行
8分

14:50

¥230

東福寺
京都市巴士

巴士
5分

14:59搭202號巴士至「東山七條」站

停留時間
45分

蓮華王院 三十三間堂

15:15

三十三間堂意指「以柱隔間，共有三十三室的大殿」，每一間室堂內都是觀音佛像，總計有一千零一座。位居所有佛像正中間的「坐姿千手觀音」出自鎌倉時代名雕刻師湛慶之手，眼鑲水晶，雕工細膩，是日本有名的國寶。

地址 京都市東山區三十三間堂廻り町657　**時間** 8:30~17:00(11/16~3月9:00~16:00)　**價格** 成人¥600，國高中¥400，國小¥300　**網址** www.sanjusangendo.jp

¥230

16:08於「博物館三十三間堂前」站搭206號巴士至「京都駅前」站

巴士
6分

京都駅
JR線

16:18

Goal !

悠遊嵐山一日輕旅行

🏷 嵯峨野小火車 手搖船 竹林 渡月橋 山水風景

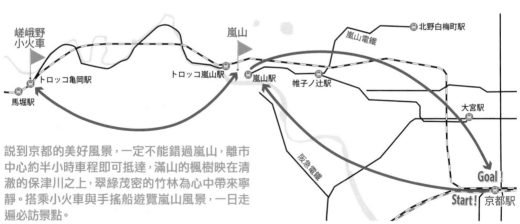

說到京都的美好風景，一定不能錯過嵐山，離市中心約半小時車程即可抵達，滿山的楓樹映在清澈的保津川之上，翠綠茂密的竹林為心中帶來寧靜。搭乘小火車與手搖船遊覽嵐山風景，一日走遍必訪景點。

 早
- **08:30** 京都駅
- **09:15** 天龍寺
- **10:30** 御髮神社
- **11:00** 竹林小徑

午
- **11:45** 嵯峨野湯／午餐
- **12:50** 嵯峨野小火車
- **13:50** 保津川手搖船
- **16:10** 渡月橋
- **17:20** 京都駅

步行・小火車・手搖船
多種角度賞盡山水風光

Point!

旺季的嵯峨野小火車非常熱門，一定要記得事前購票！

Start!

08:30 京都駅 JR線

¥240 電車 **17**分　搭8:40發往園部的JR山陰本線

08:57 嵯峨嵐山駅 JR線

步行 **10**分　出站一直順著大宮通往東走即達

09:15

天龍寺

停留時間 **1**小時

天龍寺建於1339年，境內包含總門、本堂大殿，曹源池庭園、坐禪堂等建築，可看之處眾多。天花板上有幅難得一見的雲龍圖，是在1997年記念夢窗疏石圓寂650周年時請來畫家加山又造所創作。

地址 京都市右京區嵯峨天龍寺芒ノ馬場町68 **時間** 庭園8:30~17:00(售票至16:50)；諸堂8:30~16:45(售票至16:30)；法堂9:00~16:30(售票至16:20) **休日** 依各堂而異，詳見官網 **價格** 庭園高中以上¥500、國中小¥300 **網址** www.tenryuji.com

步行 **8**分　從天龍寺北門走出後左轉，走到底右轉即達

御髮神社

10:30

停留時間 **15**分

御髮神社是日本唯一一個以頭髮為主要祭祀的神社，除了祈求秀髮常保美麗或茂密，許多美容師和美容科學生也會前來參拜，祈求考試順利與手藝精進。

地址 京都市右京區嵯峨小倉山田淵山町10-2 **時間** 自由參觀 **價格** 自由參拜 **網址** mikami-jinja.sakura.ne.jp

京都

步行 **4分** 原路折返即達

11:00 竹林小徑

野宮神社與大河內山莊之間
這條美麗的竹林隧道，是嵐
山最具特色的風景之一。夏日涼風習習，翠綠
的竹蔭帶來輕快的涼意；冬天則偶有白雪映襯著
竹子鮮綠，別有一番意境。

停留時間 30分

價格 自由參觀

竹林一旁的野宮神社以
金榜題名與締結良緣
聞名

步行 **10分**

11:45 嵯峨野湯

停留時間 1小時

建於大正12年的嵯峨野湯原
為大眾浴池，如今的店主為了
保存澡堂文化，在昔日澡堂的中央
擺上自巴黎蒐集而來的古董家
具，復古的澡堂裝潢與和洋交
融的料理，令人回味再三。
地址 京都市右京區嵯峨天龍
寺今堀町4-3 **時間** 11:00～
19:00(L.O.18:30) **價格** プレーンパン
ケーキ(鬆餅)¥880，お豆富パスタ(豆腐義大利麵)
¥1380 **網址** www.sagano-yu.com

步行 **4分** 出店往右直走即達車站

12:50 嵯峨野小火車

來到嵐山，搭乘造型復古的蒸汽小火車「嵯
峨野號」是許多旅人的最愛，沿著保津川，奔
行於龜岡到嵐山間，可以用絕佳的角度欣賞保津
峽的山水景色，每到春櫻和秋楓時節，滿山遍野
的櫻花與紅楓更是讓小火車擠滿人潮。
地址 京都市右京區嵯峨天龍寺車道町 **時間** 嵯
峨駅出發10:02～16:02，每小時一班，依季節調整
班次，詳見官網 **休日** 週三不定休，詳見官
網 **價格** 單程12歲以上¥880，6~11歲
¥440 **網址** www.sagano-kanko.co.jp

搭13:02的嵯峨野小火車至終點站

¥880

小火車 **23分**

13:25 トロッコ亀岡駅
嵯峨野小火車

¥350

巴士
11分

13:35搭トロッコ馬堀線
39號巴士至渡船口

13:50

保津川手搖船

搭乘嵯峨野小火車抵達龜岡站之後,可以坐
保津川手搖船順流而下回嵐山。從龜岡到
嵐山約16km,傳統手搖船的方式有船夫泛舟
的新鮮感,全程約費時1個半至2小時,經過溪水
湍急河段時更為刺激,要穿好救生衣小心安全。
時間 3月中旬~12月中旬9:00~15:00,12月下旬~3
月上旬10:00~14:30,約每小時一班,週末和假日
會增班 **價格** 船票
¥6000,幼兒~國小
¥4500 **網址** www.
hozugawakudari.jp

¥6000

搭乘14:00的
保津川手搖船至嵐山

手搖船
2小時

沿河邊道路直走即達

步行
6分

停留時間
20分

16:10

渡月橋

渡月橋幾乎可説是嵐山的地標,昔日龜山
天皇看見明月當空,一時興起命名。目前的風
貌是1934年以鋼鐵重建的,構造與舊橋相同,以
春天櫻花或秋日紅葉作為前景拍攝渡月橋,已經
成為嵐山的景觀代表之一。
地址 京都市右京區嵯峨

順遊推薦

老松 嵐山店

老松在室町時代就已是獻貢給宮
廷的御用和菓子老舖,夏天的「夏
柑糖」在新鮮柑橘裡填入寒
天,充滿酸甜的香氣,
是每年夏天都會
大排長龍的人氣限定品。
地址 京都市右京區嵯峨天龍寺
芒ノ馬場町20 **時間** 販賣區
9:00~17:00,茶房9:30~17:30(L.
O.16:30) **價格** 本わらび餅(蕨
餅)¥1430,夏柑糖¥935 **網址**
www.oimatu.co.jp

步行
12分

渡月橋正前方商店街
有很多熱門店家!

17:00

嵯峨
嵐山駅
JR線

¥240

電車
18分

搭17:02發往京都的JR山陰本線

17:20

京都駅
JR線

Goal!

北野 世界遺產一日巡禮

仁和寺　天龍寺　金閣寺　北野天滿宮　世界遺產

北野一帶有祭拜學問之神的北野天滿宮，一旁的平野神社在櫻花季美得如詩如畫，北側的金閣寺則是京都最耀眼的象徵。透過電車與公車，一日內便可串連鹿苑寺、仁和寺、天龍寺等不能錯過的世界遺產。

早
08:15 京都駅
09:15 仁和寺
10:00 龍安寺
11:30 粟餅所 澤屋

午
12:10 たわらや／午餐
13:15 北野天滿宮
14:30 平野神社
15:45 金閣寺

晚
17:20 天喰／晚餐
19:10 京都駅

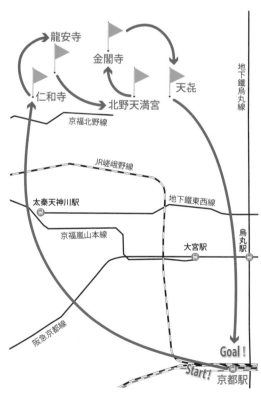

細看古寺中停留的歷史
品嚐老店代代傳承的美味

Point! 景點雖然多在嵐電沿線，但用巴士串聯會更方便！

Start!

08:15 🚌 京都駅 JR線

¥230

巴士 37分　搭8:30發的JR巴士高雄京北線至「御室」站

09:15

仁和寺

停留時間 **30分**

歷史上數位天皇退位遁入佛門後，到仁和寺執行「法皇」的政務權利，因此仁和寺又有「御室御所」之稱。寺廟為光孝天皇於仁和2年(西元886年)所建，後來在應仁之亂中不幸全數燒毀，直到江戶時代的正保3年(西元1646年)才重建完成。

地址 京都市右京區御室大內33　**時間** 9:00~17:00，12~2月~16:30　**價格** 御所庭園成人¥800　**網址** ninnaji.jp

¥230

巴士 2分　9:55從「御室」站搭乘59號巴士至「龍安寺前」站

龍安寺

停留時間 **1小時**

10:00

龍安寺創建於室町時代的寶德2年(西元1450年)，以著名的枯山水石庭「渡虎之子」聞名。枯山水石庭中沒有一草一木，白砂被耙掃成整齊的平行波浪；其中搭配的十五塊石頭，象徵著浮沈大海上的島原。

地址 京都市右京區龍安寺御陵下町13　**時間** 高中以上¥500，國中小學生¥300　**網址** www.ryoanji.jp

步行 8分

11:10 🚌 龍安寺駅 嵐電北野線

據說十五塊石頭不管從哪個角度都只能看到十四個。

¥230

電車
3分

搭11:15發的嵐電

北野
白梅町駅
嵐電北野線

11:18

步行
5分

11:30

粟餅所 澤屋

粟餅所澤屋是天滿宮前有名的
點心之一，開業至今有300
多年的歷史。澤屋的粟餅有長條狀佐黃豆
粉的和球形外裹紅豆泥2種，吃起來毫不甜
膩，還可以充分感受黃豆、紅豆和小米的香氣，但
粟餅很快就會變硬，建議在店裡好好享用喔！
地址 京都市上京區今小路通御前西入紙屋川町
838-7 **時間** 9:00~17:00 **休日** 週三、四 **價格** 粟
餅3個¥600

停留時間
30分

步行
2分

走出店往右直走，第一個路口右轉即達

停留時間
1小時

たわらや

北野天滿宮前有棟400年歷
史的京都町家建築，烏龍麵
老舖たわらや便以此為據點，使用嚴選食材
熬煮湯頭，最出名的就是粗達1公分的超長烏龍
麵，整碗僅此一根，配上清爽的特製湯頭和薑泥，
口感十足，用餐過程也充滿樂趣。
地址 京都市上京區御前通今小路下ル馬喰町
918 **時間** 11:00~16:00(L.O.15:30) **休日** 不定
休 **價格** たわらやうどん(招牌烏龍麵)¥800

12:10

步行
2分

過馬路即達鳥居

13:15

北野天滿宮

北野天滿宮供奉著平安時代
的學者菅原道真，祂是有名的
學問之神，許多人會來此祈求學業進步、金榜提
名。冬末春初，北野天滿宮就成了京都最有名的
賞梅所，每年2月25日梅花祭時，上七軒的藝妓及
舞妓會來此參拜，衣香鬢影間美不勝收。
地址 京都市上京區馬喰町 **時間** 7:00~17:00，依
季節而異，詳見官網 **網址**
www.kitanotenmangu.
or.jp

停留時間
1小時

境內的牛雕像被摸
得發亮，據說摸了
可以長智慧！

步行 2分　　從北門走出後，左轉直走即達

平野神社

14:30

停留時間
1小時

平野神社為平安時期遷都京都的桓武天皇所移築的古老神社，境內種植有數十種、約500株的珍貴櫻花，數量之多居京都之首，京都人稱之為「平野の櫻」，每年四月上旬時500株櫻花齊放，除了期間限定的夜櫻活動，4月10日還會舉辦櫻花祭。

地址 京都市北區平野宮本町1 **時間** 6:00~17:00 **價格** 自由參拜 **網址** www.hiranojinja.com

¥230
巴士 4分

15:34於「衣笠校前」站
搭205號巴士至「金閣寺道」站

金閣寺

15:45

停留時間
1小時

金閣寺位於鹿苑寺內，由足利義滿於1397年打造，建築風格上融合了貴族式的寢殿造與禪宗形式，四周則是以鏡湖池為中心的池泉迴遊式庭園。整座寺閣都是使用金箔貼飾，一隻飛舞的金色鳳凰聳立在屋頂，十分醒目。如今的金閣寺是於1955年重建後，30年後再貼上金箔復原的。

地址 京都市北區金閣寺町1 **時間** 9:00~17:00 **價格** 高中以上¥500，國中小¥300 **網址** www.shokoku-ji.jp/kinkakuji/

¥230
巴士 7分

17:04於「金閣寺道」站
搭59號巴士至「千本上立売」站

天㐂

17:20

停留時間
1小時

天㐂是創業自昭和8年的高級天婦羅專門店，清幽環境吸引許多富商名士，也是將天婦羅帶入京都懷石料理的創始者。富季節感的京野菜以及新鮮魚蝦天婦羅，沾以薄粉輕炸，口味清爽鮮甜，連好萊塢大導演史蒂芬史匹柏都曾是座上客呢！

地址 京都市上京區千本今出川上ル上善寺町89 **時間** 11:30~22:00(L.O.20:00) **休日** 週一(遇假日照常營業) **價格** 天婦羅京會席¥12776，平日午間特別會席¥8000 **網址** kyoto-tenki.com

¥230
巴士 28分

18:34於「千本今出川」站
搭206號巴士至「京都駅前」站

京都駅
JR線
19:10

Goal！

京都

哲學之道—日知性之旅

賞楓賞櫻名所　銀閣寺　哲學之道　南禪寺　平安神宮

銀閣寺‧平安神宮周邊範圍廣闊，在綠意盎然的區域內，有著仿平安時代王朝宮殿的平安神宮、以湯豆腐聞名的南禪寺，還有美術館、動物園、大學校區和許多名寺古剎。每到春櫻、秋楓時節，人群就會聚集至此，觀賞令人震懾的美景。

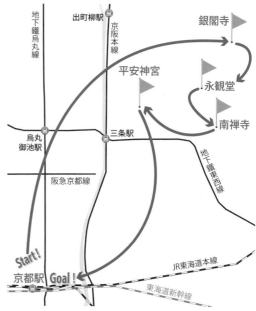

早	**08:00** 京都駅
	09:00 銀閣寺
	10:15 哲學之道
	11:00 永觀堂

午	**12:15** 奧丹 南禅寺店／午餐
	13:30 南禪寺
	15:00 京都傳統產業博物館
	16:10 平安神宮

| 晚 | **17:40** 京都駅 |

漫步哲學之道 落花流水間寧靜思緒

Point! 此區景點多以步行串聯,如果想省點腳力,也可以不走哲學之道,直接搭乘公車。

Start!

08:00 🚃 京都駅 JR線

¥230

巴士 36分

A2月台搭8:03發的7號巴士至「銀閣寺道」站

銀閣寺

09:00

停留時間 1小時

銀閣正名為慈照寺,造景與金閣寺相異,本殿銀閣僅以黑漆塗飾,透著素靜之美。境內同時擁有枯山水與回遊式庭園景觀,以錦鏡池為中心的池泉回遊式山水,是由義政親自主導設計,似乎透露著歷經紛亂之後的沈澱與寧靜。

地址 京都市左京區銀閣寺町2 **時間** 3~11月8:30~17:00,12~2月9:00~16:30 **價格** 高中以上¥500,國中小¥300;特別拜觀另收¥2000 **網址** www.shokoku-ji.jp/ginkakuji/

步行 4分

春季來哲學之道在櫻花下漫步,更顯浪漫。

哲學之道

10:15

昔日哲學家西田幾多郎經常在此沉思散步之故,故取名為「哲學之道」。沿著水渠兩旁的小徑共種植著500多株「關雪櫻」,美麗的名稱是由大正10年京都畫壇名家橋本關雪的夫人在此栽種櫻花而得名,春季櫻花爛漫的景色總是吸引眾多遊客前來。

地址 銀閣寺~南禪寺一帶

京都

步行
30分

沿著哲學之道步行即達

永観堂

11:00

停留時間
1小時

永観堂以秋天紅葉聞名,而有「紅葉的永観堂(もみじの永観堂)」之雅稱。院內本堂安置的阿彌陀如來像非常有名,特別在於佛像的臉並不是看著前方,而是往左後方回頭,稱為「回望阿彌陀佛」。秋季前來雖然人潮眾多,但絕美楓景值回票價!

地址 京都市左京區永観堂町48 時間 9:00~17:00(售票至16:00),寺寶展僅於秋季開放 價格 成人¥600,國高中小¥400 網址 www.eikando.or.jp

步行
3分

奧丹 南禅寺店

12:15

停留時間
1小時

京都的湯豆腐因為水質佳美,素以質感細膩、滋味淡雅聞名,奧丹的湯豆腐套餐除了熱騰騰的水煮豆腐外,還配有清涼的胡麻豆腐、烤豆腐、蔬菜天婦羅、山藥飯等,讓人吃出豆腐淡雅也能滿足口腹。

地址 京都市左京區南禅寺福地町86-30 時間 11:00~17:00(L.O.16:15) 休日 週四 價格 ゆどうふ一通り(湯豆腐)1人份¥3500 備註 目前因店鋪修繕停業中

步行
3分

南禅寺

13:30

停留時間
1小時

南禅寺範圍不小,包括方丈庭園、方丈、三門、水路閣、南禅院等。其中方丈庭園「虎子之渡」是江戶初期枯山水庭園的代表,砂海中的兩塊巨石代表老虎與小虎,描繪著老虎帶著幼子前往人間淨土的意境。

地址 京都市左京區南禅寺福地町 時間 3~11月8:40~17:00,12~2月至16:30,售票至閉館前20分 休日 年末(12/28~12/31) 價格 方丈庭園、三門皆為成人¥600,高中¥500,國中小¥400;南禅院成人¥400,高中¥350,國中小¥250 網址 www.nanzenji.or.jp

梅苑內有兩千多株的梅樹,盛開時十分美麗。

步行
20分

15:00

京都傳統產業博物館

停留時間
1小時

京都傳統產業博物館以影片、作品等方式展示出包括西陣織、友禪染、佛具、京繡等60種以上的京都傳統工藝，並附設簡單有趣的友禪染體驗活動，不定期還會有工匠製作或舞妓表演等特別的活動企畫，可以近距離接觸日本之美。

地址 京都市左京區岡崎成勝寺町9-1 勸業館B1F
時間 10:00~18:00（入館至17:30），體驗教室10:00~16:30(受理至15:00) **休日** 不定休，詳見官網 **價格** 成人￥500，國高中小￥400 **網址** kmtc.jp **注意** 傳統工藝體驗需於15天前預約

步行
5分

16:10

平安神宮

停留時間
50分

平安神宮是1895年日本為了慶祝奠都平安京1100年所興建的紀念神社。平安神宮的格局以3分之2的比例，仿造平安時代王宮而建，裡面共有8座建築，從入口的應天門走進，可以看見色澤豔麗、紅綠相間的拜殿和中式風格的白虎、青龍兩座樓閣。

地址 京都市左京區岡崎西天王町97 **時間** 境內參拜6:00~17:00，神苑8:30~16:30，依季節調整，詳見官網 **價格** 自由參拜；神苑成人￥600，兒童￥300 **網址** www.heianjingu.or.jp

平安樂市集

如果剛好在每月第二個週六來到平安神宮，別忘了順道逛逛在宮外岡崎公園裡的平安樂市，這個手作市集主要以有在京都開店的店家來擺攤為主，商品品質都不錯，聚集攤位從吃喝、買通通有，相當多元。

地點 岡崎公園（平安神宮前）
時間 第2個週六10:00~16:00

￥230

巴士
29分

17:08於「岡崎公園 美術館・平安神宮前」站搭5號巴士至「京都駅前」站

17:40

京都駅
JR線

Goal !

京都御苑・二条城
穿梭古今一日遊

京都御苑　漫畫博物館
二条城　皇居　德川幕府

位在東側的京都御所和西側的二条城，分別是天皇家與德川幕府將軍家，日式建築與庭園風景美不勝收。由於古時為了應付達官貴人們的日常需求，許多和菓子、花道、茶道、工藝品的店家都集中在這一帶，造就許多百年老店。

 早
08:20 京都駅
09:00 京都御苑
10:30 梨木神社

 午
11:30 本家尾張屋／午餐
12:45 京都國際漫畫博物館
14:20 二条城
15:40 御金神社
16:00 la madrague

 晚
17:30 京都駅

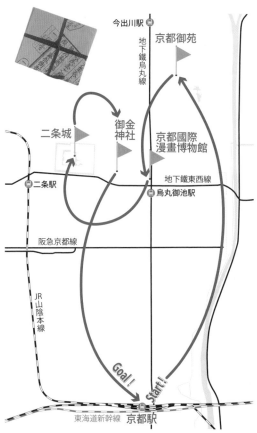

化身京都貴族
穿梭皇室庭園與武家居城中

Point! 京都御苑和二条城是賞櫻和賞紅葉名所，春秋特別美！

Start！

08:20

🚌 京都駅
京都地鐵烏丸線
¥260

電車
10分
2月台搭8:32發往国際会館的地鐵烏丸線

🚌 今出川駅
京都地鐵烏丸線

08:42

步行
10分

從6號出口出站，過街即達

09:00

京都御苑

御所就是天皇住所，京都御所的外苑就稱為京都御苑，為一占地廣達63公頃、結合歷史古蹟與美麗自然的公園，開闊的園內有五萬餘株包含櫻花、楓樹、銀杏等的林木，也使這兒成為賞櫻名所之一。

停留時間
1.5小時

地址 京都市上京區京都御苑3　**時間** 自由參觀；京都御所日文導覽9:30、10:30、13:30、14:30，中英文導覽10:00、14:00；京都仙洞御所日文導覽9:30、11:00、13:30、14:30、15:30　**休日** 京都御所、京都仙洞御所週一(遇假日順延翌日休)、年末年始(12/28~1/4)、不定休　**價格** 自由參觀　**網址** kyoto-gosho.kunaicho.go.jp　**注意** 導覽可事先網路預約或當天現場抽整理券，申請時需出示護照，每場次有人數限制，建議事先上網預約。若參加日文導覽，可免費租借中文導覽機；京都仙洞御所不接待18歲以下參觀

從東側的清和院御門走出左轉即達

步行
10分

梨木神社

10:30

停留時間
30分

梨木神社裡的「染井」是京都三大名水中僅存的一座，許多料理人、茶人與民眾都會千里迢迢前來取用。九月中，花朵細小的萩花開始綻放，神社會舉辦萩之俳句大會，9月的第三個週末則是「萩祭」的日子，內容以傳統音樂、舞蹈和詩歌吟誦為主。

地址 京都市上京區染殿町680　**時間** 9:00~16:30
價格 自由參拜　**網址** nashinoki.jp

御苑內的櫻花主要分布於前往御所的參道上。

京都

¥230

巴士 4分

11:05從「荒神口」站搭41號巴士至「京都市役所前」站下車後步行13分

本家尾張屋 本店

11:30

停留時間 1小時

尾張屋在江戶時代開始就是晉奉宮廷的御用蕎麥麵司，製作蕎麥麵已有530多年歷史。寶來蕎麥麵將麵條分裝在5層漆器盒裡，配上一籃日式佐菜，吃完麵後將蕎麥麵湯倒入醬汁，又成為一碗樸實的湯品，美味又增添樂趣。

地址 京都市中京區車屋町通二条下る **時間** 蕎麥麵11:00~15:30(L.O.15:00)，菓子9:00~17:30 **休日** 1/1~1/2 **價格** 宝来そば(寶來蕎麥麵)¥3190 **網址** honke-owariya.co.jp

步行 3分

京都國際漫畫博物館

12:45

停留時間 1小時

利用昭和4年建築的國小校舍所改裝成，走在老校舍穿廊裡，可以感受彷若日劇情節般的懷舊風情，館內保存明治初期流傳下來的珍貴漫畫書與刊行雜誌，以及共三十多萬冊收集自海內外不同語言譯本的人氣漫畫，還會不定期舉辦漫畫主題特展。

地址 京都市中京區烏丸御池上ル(元龍池小校) **時間** 10:00~17:00(入場至16:30) **休日** 週三(遇假日順延翌日休)、年末年始、維護日 **價格** 成人¥1200，國高中¥400，國小¥200 **網址** www.kyotomm.jp

每週末還會有漫畫家在漫畫工房裡實際畫給你看！

沿烏丸通往南步行即達

步行 5分

烏丸御池駅 京都地鐵東西線

14:00

¥220

搭14:08發往太秦天神川的地鐵東西線

電車 2分

二条城前駅 京都地鐵東西線

14:10

順遊推薦

一保堂茶舖 京都本店

一保堂已經有280年的歷史，京都本店是有著濃濃的老舖風情的日式傳統建築，附設的喫茶室「嘉木」名字來自唐朝陸羽《茶經》一書的「茶者，南方之嘉木也」，店內供應日本茶，並隨季節變換不同口味的和菓子。

地址 京都市中京區寺町通二条上ル常盤木町52 **時間** 茶舖10:00~17:00，喫茶室L.O.16:30 **休日** 每月第二個週三 **價格** 煎茶 嘉木 小缶箱90g¥3240 **網址** www.ippodo-tea.co.jp

步行 5分

從1號出口出站，過馬路即達

14:20

二条城

停留時間 1小時

建於西元1603年，正式名稱為「元離宮二条城」，1994年登錄為世界遺產，是江戶幕府將軍德川家康在京都的居城。桃山式武家建築十分華麗，大廣間更是1867年日本轉變為現代化國家的關鍵「大政奉還」的儀式場所。

地址 京都市中京區二条通堀川西入二条城町541 **時間** 8:45~16:00(17:00閉城)；二の丸御殿 8:45~16:10 **休日** 12/29~12/31休城；二の丸御殿1、7、8、12月週二、12/26~12/28、1/1~1/3(遇假日順延翌日休) **價格** 入城費成人¥800，國高中¥400，國小¥300；入城費·二の丸御殿成人¥1300，國高中小不加收費用 **網址** nijo-jocastle.city.kyoto.lg.jp

步行 10分

15:40

御金神社

停留時間 20分

閃閃發亮的金色鳥居，連屋瓦上都寫著大大的金字，其實御金神社的主祭神金山毘古神是掌管刀、劍等武具、鋤、鍬等農具的神明，但自古以來錢幣是由金、銀、銅等金屬製成，慢慢地就演變成提升金運的神社了。

地址 京都市中京區西洞院通御池上ル押西洞院町618 **時間** 自由參拜，社務所10:00~16:00 **網址** mikane-jinja.or.jp

步行 1分

16:00

la madrague

停留時間 1小時

店舖原址為昭和38年(西元1963年)創業的咖啡老舖SEVEN，因店主年事已高而休業，la madrague接手後維持店內懷舊風景，並提供過去老洋食店コロナ的招牌「玉子燒三明治」，傳承老舖精神與滋味。

地址 京都市中京區押小路通西洞院東入ル北側 **時間** 8:00~18:00 **休日** 週日、不定休 **價格** コロナの玉子サンドイッチ(玉子燒三明治)¥990 **網址** madrague.info

延押小路通向東走至烏丸通右轉即達

步行 9分

17:15

烏丸御池駅
京都地鐵烏丸線

¥220

搭17:23發往新田辺的地鐵烏丸線

電車 5分

17:30

京都駅
京都地鐵烏丸線

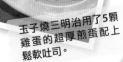

玉子燒三明治用了5顆雞蛋的超厚煎蛋配上鬆軟吐司。

Goal !

貴船・鞍馬一日秘境慢遊

貴船神社　鞍馬寺　天狗　紅葉隧道　川床料理

貴船、鞍馬一帶位居山林之間，因為森林茂密、交通不便，自古就被視為神秘之地，有著不少神怪、天狗傳說，由於地勢高又有溪谷，夏天時氣溫比京都市區低個10度，是避暑第一選擇。前往貴船、鞍馬的叡山電車沿線秋季紅葉夾道，被稱為「紅葉隧道」，令人感受到奇幻迷離的魅力。

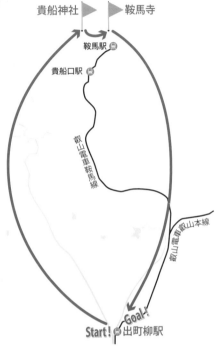

貴船神社　鞍馬寺
鞍馬駅
貴船口駅
叡山電車鞍馬線
叡山電車叡山本線
Start! 出町柳駅
Goal! 出町柳駅

 早
08:50 出町柳駅
10:00 貴船神社

 午
11:00 貴船 ひろ文／午餐
12:30 木之根道
13:30 鞍馬寺
14:30 由岐神社
15:15 多聞堂
16:00 鞍馬溫泉

晚
18:14 出町柳駅

進入深山靈修聖地
一探貴船鞍馬神話色彩

Point! 可以提前查好展望列車「きらら」和觀光列車「ひえい」的發車時間,搭乘特色列車讓旅途更加難忘。

Tips 市原~二ノ瀨之間是鞍馬線上最美麗的一段路程,夏天新綠、秋季紅葉簇擁在狹窄的單軌電車兩旁,綿延數公里不絕。

Start!

08:50 出町柳駅 叡山電車

¥470

電車 28分 搭9:00發往鞍馬的叡山電車

09:29 貴船口駅 叡山電車

¥200

巴士 4分 從「叡電貴船口駅前」站搭乘9:46發的33號巴士至「貴船」站下車

10:00

貴船神社

石板參道兩旁朱紅色的燈籠成排並列,景色寧靜清幽。貴船神社周圍紅葉遍布,每年11月初會舉行稱為「御火焚祭」的紅葉祭。這裡奉祀京都人最崇敬的水神,每年7月7日舉行的「貴船水祭」,都有許多與水相關的行業(如造酒業、料理店等)前來參加。

停留時間 50分

地址 京都市左京區鞍馬貴船町180
時間 5~11月6:00~20:00,12~4月~18:00(1/1~1/3至20:00);點燈期間參拜時間延長,詳見官網
網址 kifunejinja.jp

步行 6分 沿府道361號步行即達

11:00

貴船 ひろ文

停留時間 1小時

直接面對著貴船神社的旅館,客房下方就是清涼的貴船川,依隨四季變化的京料理也相當風雅。每年5~9月也會推出「川床料理」,讓人可以在溪面上露天享受河中鮮味,最有夏日風情的燒烤香魚,盛裝於冰涼器皿中的季節蔬菜,盡情體驗在溪流上竹筏用餐的樂趣。

地址 京都市左京區鞍馬貴船町87
時間 11:00~15:00(L.O.13:30),16:30~21:00(L.O.18:00),流水素麵5-9月11:00~13:00,喫茶料理11~4月11:00~16:00(L.O.15:00)
休日 12/30~1/1、不定休
價格 流水素麵¥2000 網址 hirobun.co.jp 注意 流水素麵遇雨天中止,川床遇雨天移至室內

沿府道361號步行即達

步行
7分

12:30

順遊推薦

木之根道

鞍馬寺後山的木之根道連接鞍馬與貴船，
長2.5公里，有豐富的自然生態以及數十間
小寺廟、戰國武將源義經的遺跡等。山裡的
氣氛十分悠靜，途中路面布滿盤根錯節的樹木，
若要行走需稍微斟酌體力。

`地址` 京都市左京區鞍馬貴船町
`價格` 愛山費¥500

貴船 兵衛

兵衛是一間高級的料理旅館，也設有川床。
川床料理一直給人價格高昂的印象，但兵衛
同時也提供喫茶餐點，預算有限的人也可以
考慮來此點份甜食或輕食，在美麗的川床上
享用。

`地址` 京都市左京區鞍馬貴船町101 `時間`
川床入店時間11:00~14:00、17:00~18:00；
Cafe 11:00~17:00(L.O.16:00) `休日` 不定
休 `網址` www.hyoue.com `注意` 川床限
定5~9月，遇雨天移至室內；Cafe 7~9月僅
提供外帶

鞍馬山登山車(鞍馬山ケーブル)

鞍馬寺境內，從山門到以楓景聞名的多寶塔
之間，約有200公尺的爬坡路程，想省點體
力可以搭乘登山車，只消2分鐘就可以輕鬆
上下山。高低差達90公尺的傾斜鐵道，乘坐
起來頗有意思。票價單趟國中以上¥200，國
小以下¥100

步行
45分

走過木之根道後即達

13:30

鞍馬寺

停留時間
45分

古代的鞍馬寺據說是惡魔和
盜匪出沒之處，傳說日本古代
的悲劇英雄——源義經，曾在這裡與紅臉、
長鼻子的天狗妖精一起修煉呢。境內包含轉法輪
堂、寢殿、本殿、童形六体地藏尊和一座育兒園，
本殿內的靈寶殿收藏許多佛教美術與名歌人
謝野晶子遺物、鞍馬山動植物標本等。

`地址` 京都市左京區鞍馬
本町1074 `時間` 9:00~
16:00，靈寶殿(鞍馬山博
物館)~16:00 `休日` 靈寶
殿：週二(遇假日順延翌
日休)、12/12~2月底
`價格` 愛山費¥500，靈寶
殿¥200 `網址` www.
kuramadera.or.jp

步行 10分

由岐神社

14:30

停留時間 30分

若沒搭乘纜車，步行下山會經過奉祀鞍馬地區氏神的由岐神社，境內屹立著綠意參天的杉木，樹齡已高達800年，秋季時分則可見紅豔的楓葉枝椏低垂。每年10月22日在此舉行的「鞍馬火祭」，是日本三大奇祭之一。

地址 京都市左京區鞍馬本町1073 **時間** 9:00~15:00，依季節而異 **價格** 愛山費￥500 **網址** www.yukijinjya.jp

店鋪位於轉進鞍馬站的路口

步行 6分

多聞堂

15:15

停留時間 30分

鞍馬寺有許多傳說，其中最廣為人知的正是在此與天狗一同修練的牛若丸(源義經)。多聞堂的牛若餅取名自牛若丸，看似簡單的紅豆麻糬吃不沾牙，紅豆內餡吃得到顆粒，配上一杯抹茶拿鐵十分對味。

地址 京都市左京區鞍馬本町235 **時間** 10:00~17:00 **休日** 週三 **價格** 牛若餅￥140

接駁車 3分

接駁車時間配合叡山電車班次，可免費搭乘

鞍馬溫泉

16:00

停留時間 1.5小時

京都內並沒有太多溫泉地，而位在鞍馬深處的鞍馬溫泉，以純正天然琉璜泉為號招，吸引大批死忠泡湯客前來。露天風呂被山林圍繞，春櫻夏綠秋楓冬雪，四季皆有不同感受。

地址 京都市左京區鞍馬本町520 **時間** 11:00~20:00 **價格** 露天風呂國中以上平日￥1400、假日￥1600，3歲~國小￥700 **網址** kurama-spa.com

接駁車時間配合叡山電車班次，可免費搭乘

接駁車 3分

貴船口駅
叡山電車

17:30

￥470

電車 23分

搭17:42發往出町柳的叡山電車

18:14

出町柳駅
叡山電車

Goal！

大原鄉間風光一日遊

田野風光　大原女　三千院　溫泉　紅葉

京都市北面的大原由於位於通往北方若狹地區的要衝而繁榮，翠綠田園與清淺小溪交織而成的清新風光，讓平安時代以來不少宮廷貴人選擇在此隱居，也以出家、遁世之地而聞名，涼爽氣候與秋季滿山紅葉更是吸引許多深度旅遊的旅人。

早	**08:15** 京都駅 **09:40** 大原女變身 **10:30** 宝泉院 **11:15** 三千院
午	**13:00** 来隣／午餐 **14:20** 寂光院 **15:00** 足湯café **15:45** 大原工房
晚	**18:40** 京都駅

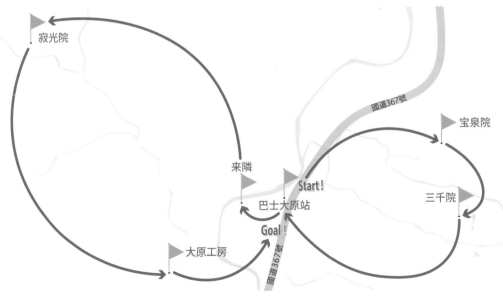

寂光院

國道367號

宝泉院

来隣

Start !

巴士大原站

三千院

Goal !

大原工房

國道367號

化身古時大原女 悠遊田野風景間

Start！

08:15 ¥630

京都駅
京都地鐵烏丸線

巴士
1小時12分

搭8:22發的特17號巴士至終點站「大原」站

09:34

大原
京都巴士

步行
1分

09:40

大原女祭

每年春季舉辦的大原女祭為期十數天，祭典中有可免費體驗大原女裝束的「回憶大原女」、「大原女時代行列」，外來遊客只要事先預約，便可以一同參與。「大原女時代行列」是整個祭典活動的高潮，約有70幾名從年長到只有7、8歲大的當地女性，分別打扮成室町、江戶、明治、大正各時期造型的大原女。

大原女變身

停留時間 30分

古時候大原的女性從山區收集柴薪，步行至京都市集販賣，沿街叫賣的大原女們頭頂柴木，身穿純樸而不失俏麗的藍染服飾，成為京都市街中令人難以忘懷的風景。公車站一旁的大原観光保勝会就能體驗變裝，穿著傳統衣束在大原的街上散步！

地址 京都市左京区大原来迎院町81-2(大原観光保勝会) **時間** 10:00~14:00 **休日** 雨天中止 **價格** 換裝體驗¥3500 **網址** kyoto-ohara-kankouhosyoukai.net/detail/5410/ **注意** 體驗限女性，提供4歲以上孩童服裝，需於3日前電話或線上預約。著大原女衣裝在大原指定店家消費會有折扣或小禮物

宝泉院

停留時間 30分

步行
10分

10:30

寶泉院的門票中包含一碗抹茶與和菓子，鼓勵遊客坐在庭院前喝茶賞景，秋天楓紅時還有夜間點燈的活動，火紅的夜楓更是醉人。寶泉院中還有處「水琴窟」，可以透過竹管聽到水滴落在石間的叮咚聲，雅趣十足。

地址 京都市左京区大原勝林院町187 **時間** 9:00~17:00(售票至16:30) **價格** 成人¥900，國高中¥900，國小¥700，附抹茶、菓子 **網址** www.hosein.net

步行
7分

11:15

三千院

停留時間
1小時

三千院是大原地區最優美的古寺,以大片的青綠苔原聞名,也是櫻花和紅葉名所。佛殿內供奉著阿彌陀佛、救世觀世音以及不動明王,三尊佛陀連席而坐的阿彌陀如來連坐像,背後巨大如船體的光芒非常壯觀。

地址 京都市左京區大原来迎院町540　時間
9:00~17:00,11月8:30~17:00,12~2月9:00~16:30
價格 成人￥700,國高中￥400,國小￥150　網址
www.sanzenin.or.jp

步行
14分

大原観光保勝会

12:30

前往享用午餐前,先回到大原観光保勝会,將大原女的服裝換下。

坐在正對庭園的位置點碗抹茶,品嘗這難得的靜好時光。

步行
4分

来隣

13:00

停留時間
1小時

午餐時段提供新鮮農家野菜吃到飽的豐盛料理,可以一口氣嘗到十道以上以大原季節蔬菜與食材做成的當地料理。下午時段則提供飲品和甜點,咖啡豆也是由大原本地工房所烘焙!店裡還有一小區雜貨區,讓人一不小心就逗留好久。

地址 京都市左京區大原来迎院町114
時間 11:30~21:30
休日 週二　價格 蔬菜自助餐￥2300
網址 www.ohara-
kirin.com

可愛的飯糰主食有好多口味可以挑選。

步行 16分

14:20

寂光院

停留時間 30分

寂光院為聖德太子弔祀父親用明天皇所建，包括山門、本堂和書院，構造十分簡樸，古老的庵舍上長滿植樹苔蘚。寂光院本堂以奉祀本尊的地藏菩薩立像為主，境內植有許多楓樹，每年秋天楓葉轉紅之際，是景色最美的時刻。

地址 京都市左京區大原草生町676 **時間** 9:00~17:00，12~2月至16:30(1/1~1/3 10:00~16:00)
價格 高中以上￥600，國中￥350，國小￥100
網址 www.jakkoin.jp

步行 2分

足湯café

15:00

停留時間 30分

大原山莊以溫泉聞名，為了服務無法泡湯的客人，特地在旅館門前開設了足湯咖啡，提供一個可以放鬆的自在空間。逛完寂光院感到腳痠時，不妨來這裡泡泡腳，待體力回復後再繼續行程。

地址 京都府左京區大原草生町17 大原山莊前 **時間** 11:00~17:00 **休日** 週一~五
價格 一杯飲品(含毛巾與泡腳)￥990 **注意** 大原山莊住客折價￥100

步行 10分

15:45

大原工房

停留時間 1小時15分

大原工房利用大原土地的恩惠，自己種棉、紡紗、草木染、織布，創作出一件件溫暖的紡織作品。來到工房可以親眼見到職人工作的情景，也能直接購買手工作品。想要深刻體驗的人更可以報名體驗行程，從撿集草木、染絲、紡紗、織布等，有多種體驗選擇。

步行 8分

地址 市都市左京區大原草生町327 **時間** 9:00~17:00 **休日** 週三
價格 染布體驗￥1000起 **網址** www.ohara-koubou.net

大原 京都巴士

17:15 **￥630**

搭17:33發的17號巴士至終點站「京都駅前」站

巴士 1小時7分

18:40

京都駅 JR線

Goal !

舞鶴熱門景點一日串聯

🏷 海之京都　紅磚公園　五老岳公園　海鮮　軍事港

舞鶴是日本海上自衛隊的駐紮地，軍事港口、海軍建築與國家指定文化財「紅磚倉庫群」等景觀讓此處成為軍事迷的必訪聖地，電影《我的幸福婚約》也在此取景；而來到身為海之京都的舞鶴，也絕對不能錯過新鮮現捕的漁獲，現抓現煮的鮮味令人一吃上癮。

早
08:30 京都駅
10:30 舞鶴紅磚公園
10:50 舞鶴港遊覽船

午
11:45 Café Jazz ／午餐
13:40 五老岳公園
15:40 舞鶴吉原地區

晚
16:15 舞鶴港海鮮市場／晚餐
20:21 京都駅

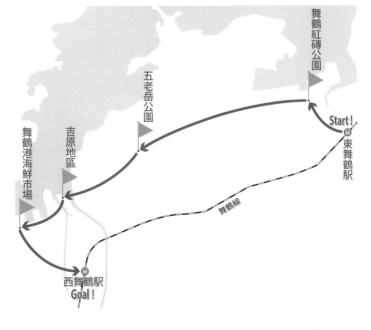

舞鶴紅磚公園

五老岳公園

吉原地區

舞鶴港海鮮市場

Start !
東舞鶴駅

舞鶴線

西舞鶴駅
Goal !

軍事迷必訪舞鶴港
海之京都美景海鮮一日滿喫

京都

Point!

舞鶴公車班次不多，如果自駕會更方便，可以省下不少時間與體力。

Tips

前往舞鶴的特急列車是全車指定席，需要提前購買指定席券才可搭乘。列車從京都出發後會在綾部站分離，前1~4號車廂為橋立號(はしだて)，會繼續開往天橋立，後5~7號車廂的舞鶴號(まいづる)則會前往東舞鶴，事前劃位時售票機或櫃檯人員就會協助安排正確的車廂，可以安心照票券指定座位搭乘。

Start!

08:30 京都駅 JR線
¥4370
電車 1小時33分 搭8:38發往東舞鶴的特急まいづる(舞鶴)1號指定席

10:11 東舞鶴駅 JR舞鶴線
步行 20分 北口出站走千代田通

舞鶴紅磚公園

10:30

停留時間 20分

舞鶴作為軍港發展造就了當地特殊的人文風情，港邊的紅磚倉庫建造於明治至大正時代，曾是海軍所屬，平成24年(西元2012年)則改建成博物館、市政紀念館、餐廳、物產店，是舞鶴港邊超越時空的存在。

地址 京都府舞鶴市字北吸1039-2 時間 紅磚博物館9:00~17:00(入館至16:30) 休日 12/29~1/1 價格 紅磚博物館成人¥400，國小~大學¥150 網址 akarenga-park.com

步行 3分 乘船處就在紅磚博物館附件

舞鶴港遊覽船

停留時間 35分

巡遊舞鶴港一周約35分，現役軍艦近在眼前，軍艦工廠的作業情況、四周的鐵工廠等，每一個角度都讓軍事迷興奮不已。周末可以事前線上預約，平日則僅可現場購票，建議提早至紅磚博物館內購票、等候上船。

地址 乘船處位在紅磚博物館前方 時間 週末假日一天3~6班，平日一天2~3班(詳見官網) 休日 1月初~3月中的週二、三、年末年始 價格 13歲以上¥1500，3~12歲¥800 網址 www.maizuru-kanko.net/recommend/cruise/

10:50

舞鶴軍事基地

熱愛軍艦的軍事迷們，除了搭遊覽船巡遊舞鶴軍港之外，更可以進入海上自衛隊的北吸係留所軍事基地，親自走在港邊，感受軍艦的巨大迫力！只是開放時間不定期，需自行至官網查詢確認。

網址 www.mod.go.jp/msdf/maizuru/kengaku/kengaku.html

步行 3分 位在紅磚公園內

11:45

Café Jazz

停留時間 50分

紅磚倉庫2號棟(市政記念館)建於明治35年(西元1902年)，原本為舊海軍武器工廠的倉庫，現在則規劃為展示空間並進駐咖啡餐廳。這裡可以品嚐從海軍食譜中復刻出來的「咖哩飯」與「馬鈴薯燉肉蓋飯」等料理。

地址 舞鶴紅磚公園 市政記念館1F **時間** 10:00~17:00(L.O.16:00) **休日** 週一

¥200

巴士 8分 至「市役所前」站 搭12:48發的「東西循環線1」京都交通巴士

12:56 五老ヶ岳公園口 京都交通巴士

海軍カレー(海軍咖哩)¥950

步行 40分 從公園入口輕鬆登山

五老岳公園

13:40

停留時間 30分

五老岳位在舞鶴的中央位置，從山頂望向港灣的風景被選為近畿百景的第一名，湛藍大海與蜿蜒的綠色海灣美景不輸天橋立，秋季山丘間樹林轉紅也是絕美，若時機好更能看到夢幻的雲海。如果想要看得更遠，還可以登上海拔325m的五老Sky Tower展望室。

地址 京都府舞鶴市上安237 **時間** Sky Tower4~11月平日9:00~19:00，週末及假日至21:00；12~3月至17:00 **價格** Sky Tower高中以上¥300，國中小¥150 **網址** goro-sky.jp

山頂上的高塔能欣賞舞鶴灣美麗的海岸線。

¥250

巴士 7分 沿原路回「五老ヶ岳公園口」站，搭15:16發的「東西循環線1」巴士

15:23 広小路 京都交通巴士

步行 13分 沿著運河散步至水無月橋

15:40

舞鶴吉原地區

停留時間 10分

吉原地區位在舞鶴的北端，因為運河造成狹長的地型，又被分為東西兩部分。沿著運河而建造的房舍與接臨停泊的船隻，形成美麗的水鄉風景，也點出了這個地區漁業興盛的榮景。從水無月橋這裡欣賞的角度最是經典。

地址 京都府舞鶴市字吉原 **時間** 自由參觀
注意 附近為住宅區，參觀時請放低聲量

步行 13分

16:10 ¥200 平野屋 京都交通巴士

巴士 2分 搭16:08發的大江線巴士至「舞鶴港とれとれセンター前」站

16:15

とれとれセンター 海鮮市場

停留時間 1.5小時

舞鶴港海鮮市場裡有一般的海產、土特產，也有餐廳提供美味料理。這裡最大的特色就是可以買碗白飯、味噌湯，端到市場裡直接請店家把海鮮放在你的碗裡，品嚐最新鮮美味的海鮮丼！周末營業時間較長，挑周末前來可以逛得更悠閒。

地址 京都府舞鶴市字下福井905 **時間** 平日9:00~17:00，周末假日~18:00 **休日** 週三、不定休，詳見官網
網址 toretore.org

順遊推薦

舞鶴かまぼこ工房

舞鶴出產的魚板彈牙可口，是當地人都愛的名物。為了讓更多人了解美味魚板是如何製成，特別開設了手作魚板教室，讓觀光客能實際操作，動手做出竹輪、魚板，再現場品嚐，自己做的特別美味呢！

地址 京都府舞鶴市下安久1013-11 **時間** 魚板手作體驗14:30~16:00 **休日** 12/10~1/10 **價格** 魚板手作體驗(90分鐘)¥2500，2025年起¥3000 **網址** www.maizuru-kanko.net/recommend/kamaboko/ **注意** 線上預約制，最慢需於4天前預約，5人成行

步行 30分

18:30 ¥3420 西舞鶴駅 JR舞鶴線

電車 1小時38分 搭18:43發的特急まいづる(舞鶴)14號指定席

20:21 京都駅 JR線

Goal！

出町柳・一乗寺
一日文人之旅

下鴨神社　跳烏龜
文青　書店　賞楓

一乘寺·出町柳地區範圍廣闊，由於聚集京都造型藝術大學、京都大學、同志社大學等學校，因此別具文化氣息，更有受京都人喜愛的惠文社書店，也因而進駐許多風格十足的咖啡廳、餐廳，是大學生們課餘時間最喜歡的去處。

早
08:45 出町柳駅
09:00 河合神社
09:45 下鴨神社
10:45 鴨川跳烏龜

午
11:45 CAFE Uchi／午餐
13:15 修學院離宮
15:30 詩仙堂
16:15 八大神社

晚
17:30 惠文社
18:56 出町柳駅

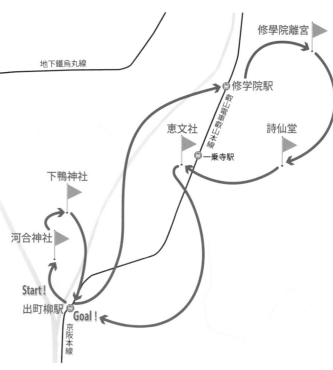

悠閒漫步住宅區 沉浸於文人氣息中

Point! 一乘寺地區的景點都離車站有段距離,用步行串聯較方便!

Start!

`08:45` 🚋 **出町柳駅**
叡山電車

步行 **8**分

河合神社

`09:00`

停留時間 30分

河合神社為下鴨神社裡的摂社,位在廣大的糺之森裡,於神武天皇時期創建,主祭神的玉依姬命自古便被視為女性的守護神,安產、育兒、結緣等與女性相關的祈願皆由其掌管。想變美,除了買個鏡繪馬供奉,別忘了點上一杯使用下鴨神社的花梨製出的美人水。

[地址] 下鴨神社境內 [時間] 6:30~17:00

步行 **3**分

下鴨神社 `09:45`

停留時間 45分

下鴨神社朱紅色的殿社建築皆依平安時代的樣式所造,線條簡潔卻帶著濃濃的貴族氣息。下鴨神社的本殿不但是國寶,更是每年5月舉行的京都兩大祭典流鏑馬與葵祭的重要舞台。神社依時令、節慶會販售不同圖示的蕾絲御守,細緻典雅的花紋在海內外都是大人氣!

[地址] 京都市左京區下鴨泉川町59
[時間] 6:00~17:00,特別拜觀「大炊殿」
10:00~16:00 [價格] 自由參拜;特別拜觀「大炊殿」高中以上￥1000 [網址]
www.shimogamo-jinja.or.jp

步行 10分 沿原路折返

10:45

鴨川跳烏龜

停留時間 30分

　來到出町柳，千萬別忘了來到賀茂川與高野川的交匯處這頭跳烏龜！由烏龜、千鳥等形狀組成的石頭就這麼橫布在淺淺的鴨川上，無論情侶、帶著小孩的家庭、休息時間的上班族都聚集在此，無論跳過一顆又一顆的烏龜石到對岸，或是坐在河畔放空曬太陽，每個人都享受著珍貴的閒暇時光。

從「出町柳駅」搭11:30發往鞍馬的叡山電車

電車 7分 **¥220**

11:37

修学院駅
叡山電車

步行 3分

CAFE Uchi

停留時間 1小時

11:45

　CAFE Uchi充滿老時光的韻味，從裸麥檸檬皮麵包、抹茶波蘿到法式鹹派，一個個都精緻可愛得像櫥窗樣品。以米粉製成的紅豆麵包是這裡的代表，熱騰騰、烤得均勻酥脆的深棕色外皮帶著漂亮光澤，與市面上紅豆麵包截然不同。

地址 京都市左京區山端森本町21-24北原ハイツ1F　**時間** 11:00~18:00(L.O.17:30)
休日 週一~三、不定休，詳見官網　**網址**
cafeuchi.wixsite.com/website

步行 16分

13:15

修學院離宮

停留時間 1.5小時

　修學院離宮是德川幕府為了懷柔逼退後水尾上皇所建的一座行宮，宮內占地54萬平方公尺，包括離宮、茶室、神社和三處稱作御茶屋的庭園，至今仍由皇室管理。

地址 京都市左京區修學院藪添　**時間** (日文導覽，80分鐘)9:00、10:00、11:00、13:30、15:00　**休日** 週一(遇假日順延翌日休)、年末年始12/28~1/4
網址 kyoto-gosho.kunaicho.go.jp/shugakuin-rikyu　**注意** 需參加導覽，無法自由參觀，可事先網路預約，限定18歲以上。入場限本人，會現場核對護照；現場可免費租借中文導覽機

步行
20分

15:30

詩仙堂

停留時間
30分

詩仙堂收藏日本知名畫家狩野探幽所畫的中國漢晉唐宋三十六位詩人，包括蘇軾、陶淵明、韓愈、柳宗元、杜甫、李白等，詩仙堂因而得名。11月深秋時，紅葉和綠竹各佔半天顏色，山間迷濛的霧氣將秋天氛圍帶到最高點。

地址 京都市左京區一乘寺門口町27 時間 9:00~17:00(入場至16:45) 休日 5/23 價格 成人¥700，高中¥500，國中小¥300 網址 kyoto-shisendo.net

步行
4分

八大神社

16:15

停留時間
45分

八大神社建於永仁2年(西元1294年)，主要供奉嗚盞嗚尊與稻田姬命。古時候人們來這裡祈求農耕、山林方面的願望，近年更以「結緣神社」廣為人知。傳說劍聖宮本武蔵曾在此與吉岡一門決鬥，時代劇宮本武蔵也在此拍攝，是許多宮本武蔵迷的必訪聖地。

地址 京都市左京區一乘寺松原町1 時間 自由參拜，窗口9:00~17:00 網址 www.hatidai-jinja.com

步行
17分

17:30

恵文社

停留時間
1小時

聞名全日本的「恵文社」雖然遠離市中心，但因為除了店裡販售的書籍、舉行的展覽、嚴選與恵文社氣質相符的各式生活雜貨、文具、CD、DVD、服飾等，仍吸引許多人特地搭車前來朝聖。

地址 京都市左京區一乘寺払殿町10 時間 11:00~19:00 休日 1/1 網址 www.keibunsha-books.com

步行
4分

一乘寺駅
叡山電車

18:45
¥220

搭乘18:50發的叡山電車

電車
6分

出町柳駅
叡山電車

18:56

Goal !

比叡山世界遺產一日巡禮

琉璃光院　世界遺產　比叡山延曆寺　賞楓　佛教聖地

比叡山延曆寺就像是佛教的大學講堂，許多佛教高僧皆出自比叡山，搭乘叡電、登山車、纜車與公車遊歷比叡山，一次體驗多種交通工具樂趣，看盡重要文化財，若巧遇秋季紅楓更是精彩無比。

 早
09:00 出町柳駅
09:30 八瀬紅葉小徑
10:00 瑠璃光院

 午
12:15 鶴㐂蕎麥麵／午餐
13:00 根本中堂
13:45 釈迦堂（転法輪堂）
15:00 横川中堂
15:30 元三大師堂
16:30 比叡花園美術館

 晚
18:20 出町柳駅

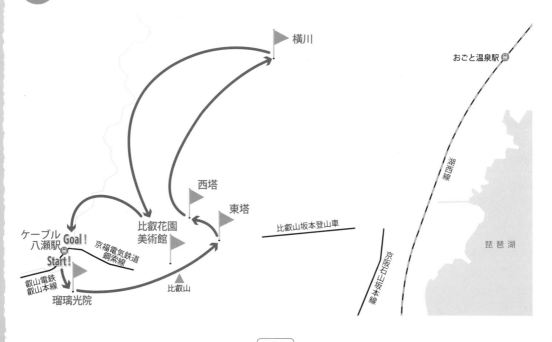

隨著纜車深入山林 朝聖世界遺產

Point!
比叡山上景點需靠巴士串聯，但班次並不多，建議先查好發車時間。

Tips
從京都進入比叡山，推薦購買比叡山延曆寺巡拜一日券！這張票券分別有出叡山電車、京阪線、大津線版，「叡山電車版」可以搭乘叡山本線的叡山電車、叡山登山車、叡山纜車，還附贈比叡山延曆寺的諸堂巡拜券，並提供餐飲店、土產店折扣以及比叡花園博物館的入園優惠，無腦輕鬆用就能回本！

Start!

09:00 出町柳駅 叡山電車
¥280

電車 **14分** 搭乘9:10發的叡山電車

09:24 八瀨比叡山口駅 叡山電車

步行 **4分**

八瀨紅葉小徑

09:30
秋天時分從叡山電車的八瀨比叡山口駅下車，處處皆是楓紅美景。登山車八瀨站一旁的紅葉小徑，雖然短短一小段，但沿路有水力發電廠的遺跡、遷都一千年紀念塔等，每到秋季楓紅最盛時，還會在夜間打上燈光，製造夢幻華麗的錦秋景色。

停留時間 20分

[地址] 在叡山登山車「ケーブル八瀨駅」旁

步行 **6分**

瑠璃光院

停留時間 1小時

10:00
瑠璃光院只有在限定期間開放特別拜觀時才得以一窺其祕。被大片楓樹包圍的山門，讓人未進門前就先被大氣的風景震懾，穿過前庭，先會看到水池裡的大錦鯉，順著動線前進，會先到2樓書院，這裡是最美的地方，一旁也可以體驗寫經。

[地址] 京都市左京區上高野東山55 [時間] 10:00~17:00，售票至16:30；僅春夏秋三季開放，春季4月中~5月底、夏季7月中~8月中、秋季10月初~12月初，詳見官網 [價格] 大人¥2000，國中以上學生¥1000 [網址] rurikoin.komyoji.com [注意] 秋季開放期間會限定一段期間為限定預約入場，需先從官網預約才可入場

步行 **6分** 沿原路折返

11:15 ケーブル八瀨駅 叡山登山車

搭乘叡山登山車上山轉乘纜車，
登山車平日半小時一班，周末15分一班

叡山登山車 ¥550
9分

搭乘叡山纜車，每15分一班

叡山纜車 ¥350
3分

比叡山頂 11:40
叡山纜車

12:00從「比叡山頂」站搭
比叡山內巡迴巴士至「延曆寺バスセンター」站

巴士 ¥250
8分

12:15

鶴㐂蕎麥麵 比叡山大講堂店

停留時間 40分

位在東塔大講堂內的鶴㐂蕎麥麵，一直提供最平實的美味料理給來此參拜的信眾們。鶴㐂蕎麥麵的麵體較為柔軟，蕎麥味道也不重，湯頭甘醇不死鹹，在比叡山爬上爬下走了一上午，很適合來這裡吃碗門前蕎麥麵填填肚子。

地址 延曆寺東塔大講堂 **時間** 9:00~15:30 **價格** きつねそば・うどん(豆皮蕎麥麵・烏龍麵) ¥520 **網址** tsurukisoba.co.jp

步行 5分

13:00

根本中堂

停留時間 30分

根本中堂為延曆寺總本堂，堂內持續燃燒了1200年的「不滅法燈」更是延曆寺的至寶。開山傳教大師最澄法師將佛陀的教誨比喻為光明，設立法燈，並願其永不熄滅，因此僧侶們每天都會增添燈油避免燈火熄滅，遭祝融時曾一度斷絕，其後特地至山形縣立石寺的法燈再分燈回寺，奉於堂內。

地址 延曆寺東塔 **時間** 9:00~16:00，售票至15:45 **價格** 東塔・西塔・橫川共通券成人¥1000，國高中¥600，國小¥300 **注意** 根本中堂現正進行10年大改修，但內部仍可參觀

13:38從「延曆寺バスセンター」站
搭比叡山內巡迴巴士至「西塔」站

巴士 ¥250
3分

13:45

釈迦堂（転法輪堂）

停留時間 45分

西塔的中心轉法輪堂供奉的本尊釋迦如來高達3公尺，由最長上人建造，所以也被稱為「釋迦堂」。釋迦堂是延曆寺現存建築中最古老的，豐臣秀吉在1595年下令將三井寺園城寺的金堂(建於1347年)移到比叡山，其便是釋迦堂的原身。

地址 延曆寺西塔 **時間** 3~11月9:00~16:00，12~2月9:30~16:00，售票至15:45 **價格** 東塔・西塔・橫川共通券成人¥1000，國高中¥600，國小¥300

¥600

巴士 10分

14:41從「西塔」站
搭比叡山內巡迴巴士至「橫川」站

15:00

橫川中堂

停留時間
30分

橫川中堂又稱為首楞嚴院，是第三世天台座主慈覺大師圓仁於848年所開創，主要奉祀觀世音菩薩。早期建築在信長的攻討時燒燬，現在看到朱紅色的舞台造建物，是昭和46年才再建的，豔紅色的朱塗在佛寺之中並不常見。

地址 延曆寺橫川 **時間** 3~11月9:00~16:00，12~2月9:30~16:00，售票至15:45 **價格** 東塔・西塔・橫川共通券成人¥1000，國高中¥600，國小¥300

步行 5分

15:30

停留時間
30分

元三大師堂（四季講堂）

慈惠大師良源是深受信眾愛載的高僧，被稱為元三大師、角大師、厄除大師等，而元三大師堂則是其晚年的住所。這裡也是抽籤運的起源，在參拜時先誠心祝禱，之後將問題寫下，由經過重重修行的僧侶來為你抽出運勢，並以佛法指點迷津。

地址 延曆寺橫川 **時間** 3~11月9:00~16:00，12~2月9:30~16:00，售票至15:45 **價格** 東塔・西塔・橫川共通券成人¥1000，國高中¥600，國小¥300

¥800

巴士 20分

16:10從「橫川」站搭比叡山內巡迴巴士至「比叡山頂」站

16:30

比叡花園美術館

停留時間
1小時

位在比叡山頂的比叡花園美術館裡種植著紫藤、睡蓮、玫瑰、薰衣草等四時花朵，並配合景觀裝飾莫內等西洋印象派畫家的複製陶板畫。展望台上可看到滋賀縣的琵琶湖景，還可以在花園裡喝咖啡或參加押花或調香等體驗課程。

地址 京都市左京區修學院尺羅ヶ谷四明ヶ嶽4 **時間** 10:00~17:30，僅有4月底至12月初開放，秋季~17:00，詳見官網 **休日** 開園期間週四、冬季 **價格** 國中以上¥1200，國小¥600 **網址** www.garden-museum-hiei.co.jp

¥350

叡山纜車 3分

搭乘叡山纜車下山，依指示轉乘登山車

¥550

叡山登山車 9分

搭登山車下山，步行至「八瀨比叡山口」站轉乘電車

¥280

電車 14分

搭乘叡山電車下山

18:20

出町柳駅
叡山電車

Goal !

鷹峰紫野一日悠閒散策

🏷 紅葉　源光庵　歷史澡堂　今宮神社　西陣織

鷹峯坐落京都洛北地區丘陵，平時觀光客不多，紅葉時期美景卻不輸左京。漫步紅葉並木山道，拜訪以紅葉馳名的祕境山寺，順路一遊紫野地區，漫步里巷的生活風景，細品幽微侘寂，訪舊時町屋，感受歲月靜好的時光。

早
08:10 京都駅
09:00 源光庵
10:15 光悅寺

午
11:30 光悅茶家／午餐
13:00 今宮神社
14:10 一和
15:00 藤森寮
16:00 船岡温泉

晚
18:13 京都駅

Start !
源光庵
光悅寺
今宮神社
船岡温泉
Goal !

地下鐵烏丸線

京福北野線
🚉 北野白梅町駅

層層紅葉堆疊美如畫
漫步里巷細品老舊生活時光

Point! 鷹峰與紫野地區若時間充足很建議用步行的方式串聯，享受京都慢步的樂趣。

Start！

`08:10` 京都駅 JR線

¥230

巴士 **42**分

8:18從A3乘車處
搭6號巴士至「鷹峯源光庵前」站

`09:00`

源光庵

停留時間 **1**小時

源光庵已有六百餘年歷史，祭祀著釋迦牟尼佛的本堂內，有兩扇大窗，一是丸型的「頓悟之窗」，表達「禪與圓通」之意，二是四角型的「迷惘之窗」，代表人生生老病死等四苦八苦，窗口面對庭園，也正好將秋色盡收眼底。

地址 京都市北區鷹峯北鷹峯町47 **時間** 9:00～17:00(入場至16:30) **價格** 拜觀費￥500 **網址** genkouan.or.jp

步行 **2**分

`10:15`

光悦寺

停留時間 **1**小時

光悦寺是過去本阿彌光悦的居所，本阿彌光悦不但精通茶道，也影響著日本茶道的發展，光悦寺中就有大虛庵茶庭、三巴亭、了寂軒等七座茶庭，此外，光悦寺也是紅葉名所，每當秋日，紅葉覆蓋著長長的石徑，別具意境。

地址 京都市北區鷹峯光悦町29 **時間** 8:30～17:00 **價格** 拜觀費￥500

步行 2分

11:30

光悦茶家

停留時間 **50分**

這裡以光悦蕎麥麵聞名，每天早上現做的蕎麥麵充滿新鮮香氣，特別的是沾醬的佐料藥味不放蔥薑，而是奉上蘿蔔泥，讓人品嚐得到土地的鮮甜滋味。應季節變換的和菓子也十分美味，是附近的和菓子屋之作。

地址 京都市北區鷹峯光悦町46　時間 10:30~16:00　休日 週二　價格 蕎麥麵￥700起

￥230

巴士 6分

12:34從「鷹峯源光庵前」站搭6號巴士至「紫野泉堂町」站

今宮神社

13:00

停留時間 **1小時**

朱紅色社殿的今宮神社供奉醫藥之神，雖然歷經荒廢與燒毀，但神社在明治35年時重建之後，就廣受鄰近居民的愛戴。每年4月第2個週日舉辦的「やすらい祭」被稱為京都三大奇祭，扮演惡鬼的人在櫻花、松枝和山茶花裝飾的花傘下，隨太鼓起舞，傳説走入花傘下就可消除病魔。

地址 京都市北區紫野今宮町21　時間 9:00~17:00　網址 www.imamiyajinja.org

以西陣織製成的玉の輿守有多種顏色，十分受女性歡迎。

步行 1分

從神社東門走出即是

14:10

一和

停留時間 **30分**

在京都，百年老店已經不稀奇了，一和便是擁有千年歷史的「あぶり餅」創始老店，據說吃了甜甜的麻糬就能保佑疾病痊癒，是今宮神社一帶的名產。門前一顆松樹穿過屋頂，看店員在炭火前烤著餅，氛圍感十足。

地址 京都市北區紫野今宮町69　時間 10:00~17:00　休日 週三(遇1、15日、假日則順延翌日休)　價格 「あぶり餅」1人份￥600

阿呆賢

神社內有顆靈石「阿呆賢さん」，許願前先捧起石頭，接著輕撫石頭並許願後，再捧起石頭，如果變輕了願望便會成真，現在常常能看見人群排隊進行靈石占卜的有趣畫面。

步行 18分

15:00

藤森寮

停留時間 45分

藤森寮原是當地立命館大學的宿舍，但在立命館部分校舍遷至滋賀縣後，面臨廢置的命運。經過有心人士號召當地藝術家入住，並開放空間承租給年輕藝術家，將已有九十歲屋齡的藤森寮，打造成一處店面展示結合手作工房的複合空間。

地址 京都市北區紫野東藤ノ森11-1 時間 依店舖而異 休日 依店舖而異 網址 www. fujinomoriryo.com

步行 3分

16:00

船岡温泉

停留時間 1.5小時

建於大正12年(西元1923年)的船岡温泉，為當年的高級澡堂，脫衣場中的樑柱木雕刻畫了松、櫻、梅等花木，還有對二次大戰陸、海、空戰役的描繪，浴場中四處可見的瓷花磚，至今也保存良好，使其被列為「國指定文化財」。

地址 京都市北區紫野南舟岡町82-1 時間 15:00~23:30，週日8:00~23:30 價格 國中以上¥490，國小¥150，未就學¥60

船岡溫泉平日15:00才營業，要注意造訪的時間。

順遊推薦

西陣織會館

自十五世紀起，織物職人們慢慢在西陣一帶聚集，製造於此的華美織品被稱為西陣織。西陣織會館中展示西陣織的發展歷史及手織機的現場表演，2樓販售西陣織相關商品，也提供一般十二單衣或舞妓服飾體驗以及多種手作體驗。

地址 京都市上京區堀川通今出川南入 時間 10:00~16:00 休日 週一(遇假日順延翌日休)、12/29 ~1/3 價格 自由參觀，和服體驗(預約制)¥3850~19800 網址 nishijin.or.jp/nishijin_textile_center/

¥230

巴士 34分

17:39從「千本鞍馬口」站搭206號巴士至「京都駅前」站

18:13

京都駅 JR線

Goal !

宇治茶之鄉一泊二日

宇治茶　宇治川　源氏物語　平等院　兔子御神籤

位於京都市郊的宇治有著如詩如畫的山水風景，是宇治茶的故鄉，更是源氏物語的重要故事場景。沿著風光明媚的宇治川兩側，有著平等院、宇治上神社等世界遺產，寧靜的山水氛圍、舒適的林野綠意，再加上離京都市僅需不到半小時車程，讓宇治成為許多旅人京都近郊旅遊的首選，如果時間充足，安排二日遊更能細細品味夜晚人潮散去後的幽靜，深度探索宇治周遭。

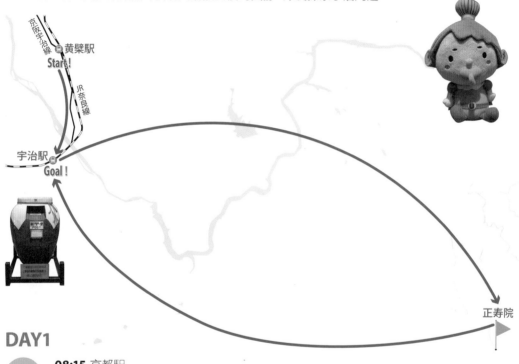

京阪宇治線
黃檗駅
Start!
JR奈良線
宇治駅
Goal！
正寿院

DAY1

早
08:15 京都駅
09:00 黃檗山萬福寺
10:30 中村藤吉／早午餐

午
12:15 宇治橋
12:45 宇治上神社
13:30 宇治神社
14:15 福壽園 宇治工房

晚
16:00 花やしき浮舟園／住

DAY2

早
09:00 平等院
10:45 源氏物語博物館

午
12:00 伊藤久右衛門本店／午餐
14:30 正寿院

晚
17:00 地雞家 心
18:45 京都駅

漫步宇治川畔 古寺茶香滿溢

Point!

離京都市很近，可以安排日歸行程，但二日遊更能深度體驗！

Start! ‧ **DAY1**

08:15 京都駅 JR線

¥240

電車 18分　從10月台搭8:26發往城陽的JR奈良線

08:47 黃檗駅 JR線

步行 8分

大魚梆的口裡啣著一棵木製寶珠，象徵人間的煩惱。

9:00

黃檗山萬福寺

停留時間
1小時

萬福寺由中國明朝高僧隱元禪師所創建，以福建省黃檗山萬福寺為藍本，寺裡的齋飯素食「普茶料理」也十分具有中國情調。萬福寺的迴廊上懸吊著一個巨大的魚梆，用來通報時辰，也用來提醒寺裡修行者，不可一日怠惰散漫。

地址 京都府宇治市五ヶ庄三番割34　**時間** 9:00~17:00(售票至16:30)　**價格** 高中以上¥500，國中小¥300　**網址** www.obakusan.or.jp

普茶料理

普茶，是由「向普羅眾生奉茶」之意延伸而來。以日本山野的自然物產料理出中華文化的香氣，是為眾生報佛恩的料理。在一團和氣中享用料理，並且不浪費任何一點食物，是食用普茶料理應有的態度。普茶便當(週六日例假日限定)¥3300。

步行 8分

10:15 黃檗駅 JR線

京都

¥150

電車 3分　從2月台搭10:19發的JR奈良線

10:22　宇治駅　JR線

步行 3分　從南口(東側)出站後向前直走即達

10:30

停留時間 **1.5小時**

中村藤吉 宇治本店

創業於1859年的中村藤吉為宇治茶的老舖,總是在開店前就已經大排長龍。店裡除了提供各式茗茶外,也有內用的茶席,茶製的甜品尤其有名,不過明星商品當屬裝在竹筒裡的生茶ゼリイ「抹茶」,竹筒裡盛裝著白玉糰子、抹茶果凍、抹茶冰淇淋和紅豆等,不但視覺華麗,吃起來也很美味。

地址 京都府宇治市宇治壱番10　時間 10:00~17:30 (L.O.16:30)　價格 生茶ゼリイ(生茶果凍)¥1380　網址 www.tokichi.jp

走出店後往右直走即達　步行 7分

宇治橋

12:15

與「瀬田の唐橋」、「山崎橋」一起被稱為三大古橋的宇治橋,興建於646年。由於曾經出現在《源式物語》之中,所以橋畔還立有《源式物語》的作家紫式部的雕像。橋上有一相當特別的凸出平台,稱為「三之間」,據傳豐臣秀吉曾由此汲水煮茶。

地址 京都府宇治市

停留時間 **10分**

橋畔的紫式部雕像是觀光客必留下合影的景點之一。

走過宇治橋後右轉,照著指標走　步行 10分

宇治上神社

12:45

停留時間 **30分**

宇治上神社是鎮守平等院的神社,位於宇治川東岸,與平等院隔川相對。神社被高大樹林所環繞,境內十分肅穆樸靜。神社建築包括本殿、拜殿、春日神社等建築,其中規模最大的本殿裡頭並排著三間內殿,是最早期的神社建築樣式。

地址 京都府宇治市宇治山田59　時間 9:00~16:00　價格 自由參拜　網址 ujikamijinja.amebaownd.com

步行
7分

宇治神社

13:30

停留時間
30分

宇治神社傳說原本是応神天皇的離宮,主要祭祀菟道稚郎子命的神靈,菟道稚郎子命自幼聰穎,因此大家也都會來這裡祈求學問、考試合格。宇治神社的本殿屋頂由檜木皮建成,是鎌倉時代初期的建築形式,而本殿中還有放置一尊建於平安時代的菟道稚郎子命的木造神像,十分珍貴。

地址 京都府宇治市宇治山田1
時間 自由參觀 **價格** 自由參拜
網址 uji-jinja.com

神社內的兔子御神籤非常可愛,許多人會來特地收藏。

步行
2分

福壽園 宇治工房

14:15

停留時間
1.5小時

福壽園是擁有自己茶園的宇治茶老字號之一,提供包括磨製抹茶、茶道教學、陶器製作等眾多體驗。2樓的茶寮提供各種茶品、甜點及以茶為主角的創意料理,1樓的商店則販賣福壽園的各種茶葉,以及隔壁的老窯元朝日窯所燒製出的美麗茶器。

地址 京都府宇治市宇治山田10 **時間** 10:00~17:00(茶寮L.O.16:00),磨製抹茶體驗(40分)10:00~16:00(報名至15:00) **休日** 週一(遇假日順延翌日休) **價格** 磨製抹茶體驗￥1650 **網址** www.ujikoubou.com

自己拉動重重的臼,磨出來的茶特別香。

步行
10分

走過朝霧橋到宇治川中間的橘島,再經過喜撰橋到對岸

花やしき浮舟園

16:00

花やしき浮舟園以「五感的講究」為宗旨,打造最舒適的慢活空間。和風為基調的館內,融入西式裝潢手法,原木桌椅傳遞天然的木頭質感。每間房皆面向宇治川,美麗的川景讓人移不開目光,還能享受館內的露天溫泉和會席料理,讓每一位住客都能打從心底感到滿足。

地址 京都府宇治市宇治塔川20-21 **價格** 一人￥9400起 **網址** www.ukifune-en.co.jp

室內溫泉名為「鳳凰之湯」,取自鄰近的平等院鳳凰堂,附設桑拿設備,讓人能洗去一身疲憊。

Stay!

Start! · DAY2

08:45

平等院

停留時間
1.5小時

步行
5分

09:00

首建於西元998年的平等院，是平安時代權傾一時的藤原道長的別墅。平等院是藤原文化碩果僅存、集大成的代表性建築物；頭上有雙華蓋、堂內還有51尊雲中供養菩薩像。鳳凰堂前的阿字池是典型的淨土式庭園，以阿彌陀堂為中心，希望營造出象徵曼陀羅的極樂淨土。

地址 京都府宇治市宇治蓮華116 **時間** 庭園8:30~17:30(售票至17:15)；鳳凰堂9:30~16:10(每20分一梯次，9:00開始售票)；鳳翔館9:00~17:00(售票至16:45) **價格** 庭園+鳳翔館成人￥700，國高中￥400，國小￥300；鳳凰堂內部拜觀￥300 **網址** www.byodoin.or.jp

日本十円硬幣上的圖案正是平等院鳳凰堂。

步行
12分

10:45

源氏物語博物館

停留時間
1小時

源氏物語博物館巧妙運用多媒體聲光效果，重現了華美綺麗的平安時代。為數不多的展示室中，有與宇治十帖相關的文物、模型與淺顯易懂的說明，讓一般人也能更接近書中的世界，此外還能欣賞由源氏物語衍伸的原創影片、動畫作品。

地址 京都府宇治市宇治東內45-26 **時間** 9:00~17:00(入館至16:30) **休日** 週一(遇假日順延翌日休)、年末年始 **價格** 成人￥600，兒童￥300 **網址** www.city.uji.kyoto.jp/soshiki/33/

步行
6分

12:00

伊藤久右衛門本店

停留時間
1小時

伊藤久右衛門位本店設置了喫茶空間，除了各式抹茶飲品、點心、也有飄散抹茶香氣的鹹食正餐能享用。除了販賣傳統植育方法栽培、烘製的宇治綠茶，還有一些本店限定的西式的菓子，比如宇治抹茶瑞士卷等都很受歡迎。

地址 京都府宇治市莵道荒槙19-3 **時間** 10:00~17:00 (茶房L.O.16:30)，週六日至17:30(茶房L.O.17:00) **休日** 1/1 **價格** 抹茶パフェ(宇治抹茶聖代)￥790 **網址** www.itohkyuemon.co.jp

Tips

186號巴士由特殊設計的宇治茶巴士載客，車內座位和式典雅，後方還有模擬正壽院的心型豬木窗！186號巴士2024年僅在周六、假日營運，且有限定期間，出發前建議再次到官網確認運行狀況。

京阪巴士一日券

從京阪宇治站搭乘巴士至正壽院單程￥670，建議直接購買京阪巴士一日券，一張￥1300，木製的車票有質感又有紀念價值。
購票處：京阪宇治站、JR宇治站觀光案內所

步行 **6分**

13:15 ￥670

京阪宇治站 京阪巴士

巴士 **43分**

13:29從2號乘車處搭186號京阪巴士至「奧山田正壽院口」站

步行 **15分**

14:30

正寿院

停留時間 **1小時15分**

許多人喜歡來這裡安靜享受風吹動風鈴的涼意，尤其每年夏季集結全國各式風鈴，景象優美，清脆鈴聲讓人暑意全消；而心型豬目窗外的景致變化，四季皆美；躺在榻榻米上欣賞客殿天井美麗的160幅畫作，更令人陶醉。

地址 京都府綴喜郡宇治田原町 山田川上149
時間 9:00~16:30，12~3月10:00~16:00，售票至閉門前15分 休日 4月第3個週日、8/17 價格 ￥600(附和菓子)，風鈴祭、特別夜間拜觀 ￥800(附和菓子) 網址 shoujuin.boo.jp

天井畫作中藏有4幅春夏秋冬的舞妓，你也找找看吧！

從「奧山田正壽院口」站搭16:12發的186號京阪巴士至「宇治橋西詰」站下車

巴士 **1分**

17:00

地雞家 心

停留時間 **1小時**

使用在地土雞為主角的特製午餐，是眾多美食家介紹的超值美味。店內招牌kokoro午間特餐，除了大塊鬆軟酥脆的炸雞塊以外，還有野菜沙拉、烤雞肉糰子、涼拌雞絲、雞骨高湯、拌飯用的山藥泥等滿滿一大份，白飯可以無限續碗，價格卻非常親民。

地址 京都府宇治市妙楽25 時間 11:30~14:30(L.O. 13:45)，17:00~22:30(L.O. 22:00) 休日 週日、盂蘭盆節 價格 KOKOROランチ(午間特餐)¥1450 網址 jidoriya-kokoro.foodre.jp

步行 **5分**

18:15 ￥240

 宇治駅 JR線

電車 **22分**

搭18:23發的JR奈良線

18:45 京都駅 JR線

Goal！

京都

京北山林間自駕二日遊

🏷️ 工房體驗　納豆發源地　森林　古民家　紅楓

京北早年林業盛行，人們在此植上整片杉林，如今此地仍保留了過去的古僕氣息，彷彿《龍貓》中的翠綠森林、田邊的茅草屋、清澈的溪流、人們誠摯的微笑，都是現代人在心中尋求的那片寧靜。高雄地區以清幽的山林風景和秋天的楓紅聞名，而在周山地區近來多了點藝文氣氛，除了富有傳統的造酒工廠，更有許多獨立雜貨咖啡店，隱居山林令人悠然神往。

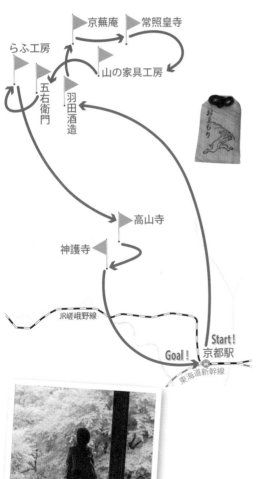

DAY1

早
09:00 京都駅
10:00 羽田酒造
10:45 龜屋廣清

午
11:30 京蕪庵／午餐
13:00 常照皇寺
14:00 山の家具工房
14:45 生活アートギャラリー栖

晚
15:45 五右衛門／住

DAY2

早
10:30 らふ工房

午
12:00 道の駅ウィデッー京北／午餐
13:30 高山寺
14:45 神護寺

晚
16:40 京都駅

悠然漫步山林中
拜訪田野流水間職人耕耘成果

由於京北地區景點分散，建議開車自駕才能玩得更輕鬆悠閒喔！

Start！ **DAY1**

09:00 京都駅 JR線

開車 **1**小時 沿國道162號直走，左轉接477號

羽田酒造

停留時間 **30**分

10:00

創業已經超過百年的羽田酒造是周山地區著名的老牌酒廠，以京都軟水與自己種植的米釀成富有地方特色的「初日の出」，一推出便打響名號，現在在京都市內的各大百貨、料亭內都品嚐得到這種酒的美味。

地址 京都市右京區京北周山町下台20 時間 10:00~16:00(試飲至15:30) 休日 週三、夏季、年末年始 價格 3種酒試飲￥500 網址 www.hanedashuzo.co.jp

蔵元一旁有塊田地種植酒米，秋季能見稻穗飽滿。

沿國道477號往回走即達

步行 **3**分

龜屋廣清

10:45

停留時間 **30**分

大正11年(西元1922年)創業的龜屋廣清，有著老派的名號，但其實是蛋糕店。使用羽田酒造的初日の出大吟釀製成的清酒蛋糕可是店裡的招牌，而其他菓子也都富有北山情調，還能買到美山牛乳製作的布丁和奶油泡芙。

地址 京都市右京區京北周山町西丁田10-2 時間 10:00~19:00 休日 週三(遇節日照常營業) 價格 ほろ酔いの酒ケーキ(清酒蛋糕)￥1650 網址 kameyahirokiyo.com

開車 7分 沿國道162號向北直行即達

京蕪庵

11:30

停留時間 1小時

京北地區的好山好水使這裡種植的蕎麥品質佳，製成的蕎麥麵更是絕品。京蕪庵的蕎麥麵擁有細緻口感，剛入口Q彈有嚼勁，愈嚼口中愈是蕎麥的香氣。坐在店家搭起的蓬舍中，望向一旁的蕎麥田更顯風雅。

地址 京都市右京區京北下中町町田15-2 **時間** 11:00~15:00(L.O.14:30) **休日** 週二 **價格** 天重とそば(天婦羅蕎麥麵) ¥2000，焼き納豆もち(烤納豆麻糬) ¥660 **網址** keihoku-m.com

> 據説京北市納豆的發源地，這裡的納豆餅是知名的鄉土料理，值得一嚐！

開車 12分 沿國道162號向北，接府道61號。此路段山路蜿蜒，需小心駕駛。

常照皇寺

13:00

停留時間 40分

常照皇寺於貞治1年(1362)由光嚴天皇建造，數任天皇在此皈依。殿內的木造阿弥陀如来像以及兩旁的侍像，被列入重要文化財。據説開山當時，光嚴天皇親手種下枝垂櫻，至今樹齡6百多年，被稱為九重櫻，已被列入國家天然紀念物。

地址 京都市右京區京北井戸町丸山14-6 **時間** 9:00~16:00 **價格** 志納金¥500

開車 **6分** 沿國道477號向西南即達

14:00

山の家具工房

停留時間 **30分**

有感於現代家具太多人造素材，年限一到便得汰新，店主人田路宏一開設了這間木製家具工房。木質家具經過人手的觸摸，隨著歲月會展現不同的潤澤感，稍加保養便能代代相傳。來到工房除了能購買家具，也能報名課程自己動手製作木造小物。

地址 京都市右京區京北塔町宮ノ前58　時間 週四~六12:00~17:00　休日 週一~五、日　價格 手作小碟子體驗￥3000　網址 yama-kagu.com

選用櫻木、檜木等較硬的木材，增加作品的耐用性。

開車 **5分** 沿國道477號向西南即達

14:45

停留時間 **30分**

生活アートギャラリー栖

栖是由一對嚮往簡單生活的夫婦共同開設，從庭院房舍到展示商品全都是由他們一手精選，從布織、木工、陶器、造形創作品等，每一樣都如同有自己的生命一般展示著；庭院中種植著許多花草，整間小店都充滿生活感。

地址 京都市右京區京北下町藤原1-4　時間 週日13:00~17:00　網址 sumikam.exblog.jp

沿國道477號往南，右轉接國道162號，再左轉接府道443號

開車 **15分**

15:45

五右衛門

民宿五右衛門改建自北山型入母屋造的民家，充滿昭和年代的生活感。民宿裡最特別的「五右衛門風呂」是利用柴火加熱，古樸的浴室彷彿《龍貓》中的場景；可以體驗在土灶炊飯，也能圍著囲炉裏(地爐)煮火鍋，能深刻體驗鄉間古民家的生活。

地址 京都市右京區京北下熊田町泓ケ2　時間 check in 15:00，check out 11:00　價格 ￥29000/晚(2人)　網址 www.banja-kyoto.com/goemon　注意 在周山附近民宿主人可接送，需預約

Stay！

Start ! **DAY2**

10:00

開車
15分　沿府道365號向南，約1.3公里處右轉

10:30

らふ工房

停留時間
1小時

遺世獨立的らふ工房360可分為三個區域，左手邊展示著主人三村先生的木工作品以及京北的職人之作，再往深處是女主人的草木染織品，右邊的主屋則是咖啡空間，販售女主人以蔬食為主的手作定食，有種到朋友家做客的溫柔感。

地址 京都市右京區京北西町下迫田5-1 時間 週五~日、假日10:00~17:00 休日 週一~四、有展示會時 網址 rough-360.com

順遊推薦

カフェギャラリーYU

位在山林裡的YU，是間結合咖啡與工藝展售的小店，這裡集結了京北、美山等地的工藝家的作品，如木工、陶藝、玻璃、石彫等。爽朗的女主人打理店外大小事情，靦腆的男主人則專心於玻璃工藝，並在小小的咖啡廳中開設玻璃工房，不只販賣精緻的彩色玻璃製品，也可以預約體驗教室，親手製作可愛的玻璃珠。

地址 京都市右京區京北下熊田町妙見谷1-1
時間 11:00~16:00 休日 週一~三 價格
ガラスモザイク体験(玻璃馬賽克體驗)¥1000
網址 ccafegyu.wixsite.com/yuyu

開車
15分　沿府道365號接443號，右轉國道162號

12:00

道の駅ウィデッー京北

停留時間
1小時

ウッディー京北是京都市第一個成立的道路休息站，這裡不只提供簡易餐點，也在木造的房舍中販賣地產的蔬菜水果、土產，新鮮又便宜，許多日本觀光客經過都會下車帶些地產蔬果回家享用呢！

地址 京都市右京區京北周山町上寺田1-1 時間 販賣區9:00~18:00，用餐區10:30~16:00 休日 年末年始 網址 fuw.jp/woody/

沿國道162號往南直走即達

開車 20分

高山寺

13:30

停留時間 **1**小時

高山寺建於寶龜5年(西元774年)，周圍被高大挺拔的杉林和楓樹所環抱，是京都的紅葉名勝。高山寺被視為日本茶的起源地之一，保有日本最古老的茶園。此外，高山寺也以展示「鳥獸人物戲畫」而聞名，寺內還有販售以鳥獸人物戲畫為主題的眾多商品。

地址 京都市右京區梅ケ畑栂尾町8 時間 8:30~17:00 價格 自由參拜，紅葉期間入山費￥500；石水院￥1000 網址 www.kosanji.com

善財童子立在石水院的廂之間，寂靜神聖。

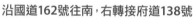

沿國道162號往南，右轉接府道138號

開車 8分

神護寺

14:45

停留時間 **1**小時

神護寺是京都有名的賞紅葉山寺，空海(弘法大師)就在此弘法，同時也是日本平安時代佛教的起源地，在日本佛教界地位崇高。登上金堂下望在火紅的楓樹間佇立的各堂，是一番美景；而從通往地藏院的山徑眺望山谷下的錦雲峽，也是另一紅葉絕景。

地址 京都市右京區梅ヶ畑高雄町5 時間 9:00~16:00 價格 國中以上￥1000，國小￥500 網址 www.jingoji.or.jp

開車 35分 沿國道162號回到市內

16:40

京都駅 JR線

Goal！

隱世美山 自然原鄉 二日小旅行 🏷️

茅草屋　合掌村
牛乳　古民家　原始森林

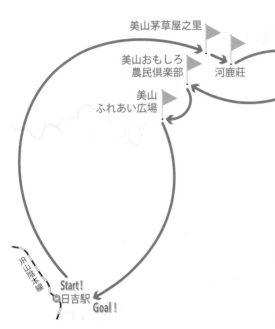

美山茅草屋之里　　　　芦生森林
美山おもしろ
農民倶楽部　　河鹿莊
美山
ふれあい広場

JR山陰本線
Start!
日吉駅
Goal!

美山町坐落在800~900公尺群山環抱的山谷中，古樸的茅草屋沿著河畔而建，與自然景色完美融合的日本農村風情，洋溢著祥和的氣息。在美山住一晚充分體驗舊時光，隔天一早前往芦生森林，深入感受芬多精繚繞的清新空氣與大自然的療癒能量，沒有過多觀光客的吵雜喧囂，更能讓美景的感動深深沁入心中。

DAY1

早

08:00 京都駅
10:00 美山かやぶきの里
10:45 美山民俗資料館

午

12:00 きたむら／午餐
13:00 きび工房
13:45 ちいさな藍美術館
14:20 café美卵

晚

15:30 河鹿莊／住

DAY2

早

08:00 芦生森林

午

11:00 美山おもしろ農民倶楽部
　　　　／午餐
12:15 美山のめぐみ 牛乳工房
12:35 ふらっと美山
14:51 京都駅

山間古樸集落 詩情畫意的寧靜景致

Point! 美山景點需以巴士串聯，因班次不多，建議先查好發車時間。

Start！ · DAY1

每20年就要修理一面茅草屋頂。

08:00 🚌 京都駅 JR線
¥770

電車 **57**分 搭8:04發的JR山陰本線至園部後，換乘開往胡麻的JR山陰本線

09:01 🚌 日吉駅 JR線
¥600

巴士 **46**分 9:10搭美山園部線巴士至「北（かやぶきの里）」站

10:00

美山かやぶきの里

停留時間 **30**分

美山町「北」地區為茅草屋保存區，集中有38棟茅草屋，每一棟都是百年以上的老屋，裡面還保存著傳統的囲炉裏，一間間純樸的茅草屋除了有店家，也有小小的藝廊及民宿，處處都是日本鄉村濃濃的人情味。

時間 自由參觀 **網址** kayabukinosato.jp

步行 **3**分 位於「かやぶきの里」內

美山民俗資料館

停留時間 **1**小時

10:45 曾經遭逢祝融之災的美山民俗資料館重建於2002年，老舊建材重新再利用所建成的房舍展示北山型茅葺式民家的母屋(起居室)、納屋(收納室)、蔵(倉庫)，重現了200年前的樣貌，房內也展示了富有歷史文化意義的農用品，能夠感受到美山地區豐厚的農耕文化。

地址 京都府南丹市美山町北中牧4 **時間** 10:00~16:00 **休日** 週一(遇假日則順延翌日休)、年末年始、盂蘭盆節 **價格** 高中以上¥300，國中以下免費 **網址** miyamanavi.com/sightseeing/Miyama-Folk-Museum

美山 放水銃訓練

每年的春天與秋天，美山的かやぶきの里就會一齊將消防栓的開關打開，數十個水柱一齊衝上天，甚是壯觀。為了守護一幢幢古老的茅屋，整個かやぶきの里共設置了62座消防栓，春秋這難得的景色總是吸引眾多觀光客前來欣賞。

步行
6分

きたむら

12:00

停留時間
1小時

きたむら由古老的茅屋改建而成，提供美山最道地的蕎麥麵給到訪的遊客品嚐。推薦來此體驗親自製作蕎麥麵，從蕎麥粉與水的比例到揉製、切麵的手法都由主廚指導，完成的蕎麥麵嚐起來香氣十足又滑溜，吃起來更是有成就感。

地址 京都府南丹市美山町北揚石21-1 **時間** 10:00~15:00 **休日** 週三 **價格** もりそば(蕎麥麵) ￥870 **網址** kayabukinosato.jp/eat/

自己手切的蕎麥麵粗細不一，美味度卻不減。

步行
10分

13:00

きび工房

停留時間
30分

位在きたむら一旁的きび工房，專賣手工揉製的各式麻糬，麻糬原料的白米、黍米、蓬草等都取自店前的農田，在當地的婆婆媽媽們的歡笑聲中一個個製成，由於每天限量生產，常常到了下午便銷售一空，十分受歡迎。

地址 京都府南丹市美山町北揚石21-1 **時間** 不定時 **休日** 不定休 **網址** kayabukinosato.jp/eat/

步行
6分

位於「かやぶきの里」內

ちいさな藍美術館

13:45

停留時間
30分

ちいさな藍美術館的主人是深受美山風景吸引而搬遷來的藍染作家新道弘之，這裡除了是作家個人的專屬藝廊也是工作室，可親眼看到如何以純天然染料完成一件件精緻藍染藝術，也可以選購各種小巧精緻的藍染工藝品帶回家做紀念。

地址 京都府南丹市美山町北上牧41 **時間** 11:00~17:00 **休日** 週一、二、五、冬季 **價格** 成人￥300，高中以下免費 **網址** shindo-shindigo.com/museum/

步行 1分 位於「かやぶきの里」內

14:20

停留時間 30分

café美卵

café美卵是中野養雞場的雞蛋直銷所兼咖啡館。店內販售平飼(自由放養)方式產下的雞蛋製作的布丁以及美山牛乳冰淇淋等,都是這裡必嚐的美味,也有戚風蛋糕、美山冰沙等點心。若是肚子有點餓了,灑點鹽就很美味的水煮蛋也是人氣之選。

地址 京都府南丹市美山町北上牧42 **時間** 10:00~17:00(L.O.16:30) **休日** 週一、三,不定休

可愛店狗「布丁」的出門迎接客人。

巴士 3分 ¥300 15:06從「北(かやぶきの里)」站搭美山園部線巴士至「知見口」站

15:30

河鹿莊

河鹿莊雖然不是茅草屋造型,但仍以舒適的住宿空間、山野料理和露天風呂受到眾多登山遊客歡迎,除了住宿、泡湯,在這也可購買到美山村民們手工製作的各種農特產品,不定時還有農村體驗,不妨看準時機來趟美山深度之旅。

地址 京都府南丹市美山町中下向56 **時間** check in 15:00~21:00,check out 10:00;露天風呂大浴場(非住客)11:00~20:30(入場至20:00) **價格** 一泊二食,兩人一室每人¥13200起;純泡湯國中以上¥600,4歲~國小¥400 **網址** miyama-kajika.com

住宿推薦

久や

夜晚投宿在茅草屋的民宿久屋中,不僅能感受美山的日本原鄉之美,更有民宿主人的熱情。一天只接待一組客人,晚餐是自家養的雞肉壽喜燒,搭配上直送的美山米,小屋內洋溢著住客們的交談聲和此起彼落的歡笑聲。非住宿者也能於三天前預約用餐。

地址 京都府南丹市美山町北中牧5 **時間** check in 15:00,check out 10:00 **休日** 冬季 **價格** 二人一室附早餐¥30000,住宿者晚餐每份餐點可折¥2000 **網址** www.kayabuki-hisaya.com

Stay!

Start！ · DAY2

`07:15`

步行
10分

`07:30`

¥300

旧知井小学校前
南丹市營巴士

巴士
22分

7:35搭乘芦生·佐々里線巴士至「芦生」站

`08:00`

芦生森林

停留時間
1小時**45**分

這座由京都大學芦生研究林管理的原始森林，於2016年被指定為國定公園「京都丹波高原國定公園森之京都·美山之森」。為保存森林的自然原貌，裡頭並未做過多的整修或鋪設，讓這處蘊藏豐富動植物與昆蟲生態的大自然寶庫，成為許多民眾健行、感受自然能量洗滌的絕佳去處。

地址 京都府南丹市美山町芦生 **時間** 當天須先到事務所或仮入林BOX繳交申請書後再行入林，1人單獨前往時，入林與出林時都要到事務所登記(窗口開放時間為平日8:30~17:15)。 **網址** www.ashiu.kais.kyoto-u.ac.jp

¥300

巴士
43分

9:57從「芦生」站搭乘芦生·佐々里線巴士至「旧知井小学校前」站

¥300

巴士
5分

10:47搭美山園部線巴士至「南」站

`11:00`

美山おもしろ農民倶楽部

停留時間
50分

以美山杉為主要建材的賣店兼咖啡館內，販售著講究自然、無添加化學物質的各式火腿，在去除筋膜與多餘油脂後，以海之精、天草鹽、沖繩島鹽加上甜菜等調製的調味液醃製10~20天，熟成後再以美山町與鄰近地區的木材燻製而成，嚐來香氣撲鼻。

地址 京都府南丹市美山町內久保池ノ谷33 **時間** 10:00~日落 **休日** 週二 **價格** 五種香腸拼盤 ¥1500 **網址** www.miyamahamu.com

12:02搭乘美山園部線巴士至「美山診療所」站

¥300
巴士
10分

12:15

美山のめぐみ 牛乳工房

停留時間
20分

位於美山ふれあい広場內的牛乳工房，以美山牛乳為基調，結合地產的各種蔬果，製成一個個香醇又清爽的美味冰淇淋。而使用平飼(自由放養)所得的雞蛋製成的布丁香濃滑順，不只可以現場品嚐，也是美山伴手禮的人氣商品。

地址 京都府南丹市美山町安掛下23 道の駅「美山ふれあい広場」內 時間 10:00~16:00 休日 第3個週一，12~3月周一 價格 ソフトクリーム(霜淇淋)￥350，ジェラート(冰淇淋) 單口味￥350、雙口味￥400 網址 www.miyamafurusato.com/megumi

過街即達 **步行 1分**

ふらっと美山

12:35

停留時間 20分

1989年由當地居民出資打造的產地直銷所，同樣位在美山ふれあい広場內，裡面販售的新鮮蔬果都是由美山農家當天直送，新鮮有保證，另外還有當地與鄰近市鎮的特產、加工品、陶藝、工藝品等。

地址 京都府南丹市美山町安掛下23-2 時間 8:30~18:00(10~3月至17:00) 休日 第3個週一(8、11月無休)，1~3月週三 網址 www.miyamafurusato.com/directsales

順遊推薦

Herbalist Club美山

這裡居高望下，開放感十足，室內空間充滿香草的香氣，同時也販售由香草製成的各式調味料、裝飾物、草木染與美山工藝品等。主屋旁有座標本香草園，植了200種香草；女主人表示5~6月是賞花的最佳時機，屆時整個庭院都會開滿色彩豔麗的香草花卉，十分美麗。

地址 京都府南丹市美山町野添夷堂49-3 時間 10:00~17:00 休日 週一~三、1~2月 網址 miyamanavi.com/eat/herbalistclub

¥600
巴士 45分

13:02搭乘美山園部線巴士

13:47

日吉駅 JR線

¥770
電車 49分

搭14:04發的JR山陰本線至園部後，換乘開往京都的JR山陰本線

14:51

京都駅 JR線

Goal !

許多料理用的香料，料理愛好者一定會挑得很開心！

天橋立‧伊根一泊二日
深度慢旅

餵海鷗　伊根舟屋　沙洲青松　遊覽船
觀光列車

天橋立、伊根一帶被稱為海之京都，沙洲杉樹、舟屋形成的靜謐海岸風景和京都市區的古都氛圍截然不同。搭上海上列車前往伊根，住進漁業與生活結合產生的舟屋，在海浪輕柔拍打聲中沉沉睡去，再到天橋立漫步美麗沙洲松樹林間，幽靜的海之京都既充滿魅力又能讓心靈沉靜。

DAY1

早	**08:30** 京都駅 **10:05** 丹後鐵道觀光列車 **12:45** 伊根灣めぐり
午	**14:00** 向井酒造 **14:45** 舟屋日和
晚	**16:00** 與謝莊／住

DAY2

早	**10:30** 傘松公園 **11:45** 天橋立 松並木
午	**12:05** 橋立茶屋／午餐 **13:00** 智恩寺 **14:15** 勘七茶屋
晚	**18:07** 京都駅

伊根

傘松公園

天橋立沙洲

Goal！

Start！

天橋立駅

京都丹後鐵道

舞鶴線

乘上神隱少女裡的海上列車
到海邊小鎮住一晚

Point!
近年大熱門的京都近郊旅遊景點!住上一晚感受人潮散去後的寧靜海港小鎮

Tips
8:38發的特急列車1~4號車廂為橋立號(はしだて)，5~7號車廂則是此篇行程中的舞鶴號(まいづる)，列車從京都出發後會在綾部站分離，搭乘舞鶴號可至西舞鶴站轉乘丹後鐵道的海上觀光列車前往天橋立，橋立號則會在10:40直達天橋立，想節省交通時間可以訂直達天橋立的橋立號!

Start! · DAY1

08:30 🚋 京都駅 JR線
¥3420

電車 1小時25分　搭8:38發往東舞鶴的特急まいづる(舞鶴)1號指定席

10:03 🚋 西舞鶴 丹後鐵道

步行 1分　至隔壁月台轉乘丹後鐵道電車

丹後鐵道觀光列車

10:05　鐵道設計大師水戶岡銳治為丹後鐵道改造了三輛列車:黑松、青松與赤松。三者車內皆有別緻設計的復古特色座位，其中黑松是高級食堂列車，赤松有販售輕食及飲品，兩者皆為預約制列車，而青松則是一般普通列車。三種列車各有特色，沿路經過美麗的大海，從車窗望出去的景色美到讓人屏息。

網址 willer-travel.com/tw/train/tantetsu/ **備註** 黑松、赤松非通年運行，開放期間詳見官網

電車 49分　搭10:12發的丹鐵赤松列車
¥1200

11:01 🚋 天橋立 丹後鐵道

11:41搭丹後海陸交通巴士
至「伊根湾めぐり・日出」站

巡遊伊根灣從海上
欣賞伊根最經典的
舟屋風景。

¥400

巴士 **55分**

12:45

伊根灣めぐり

停留時間 **1小時**

　想要從海上欣賞舟屋之美，建議可以搭船巡遊伊根灣。遊覽船會繞行伊根灣一舟，可以看到整個伊根的舟屋風景，接近成排舟屋時還會稍停讓遊客拍照。出發前記得在售票處買像蝦味先的海鷗飼料，沿途海鷗會繞著遊覽船飛行，搶食遊客手上的飼料，偶爾還會有老鷹俯衝搶食，非常刺激有趣。

地址 京都府与謝郡伊根町字日出11 **時間** 9:00~16:00，半小時一班，航程約25分鐘 **價格** 國中以上￥1200，6~12歲￥600 **網址** www.inewan.com/#kankousen

¥150

向井酒造

停留時間 **20分**

巴士 **10分**

13:55搭丹後海陸交通巴士至「伊根」站

14:00

　向井酒造創業於1754年，是伊根的老牌酒蔵。近年因為女兒久仁子回家繼承「杜氏(酒蔵的領導者，需負成品好壞的全責)」職位引起不小的話題，而她使用古代米的原創酒「伊根滿開」，釀造出向井酒造的再高峰，口感溫潤、酸甜猶如果實酒，令人不敢相信這竟是清酒的一種，時常賣到缺貨。

地址 京都府与謝郡伊根町平田67 **時間** 9:00~12:00，13:00~17:00 **休日** 週四、年末年始 **網址** kuramoto-mukai.jp

嚐起來像紅酒，竟然是由米所釀造！

步行 **10分**

14:45

舟屋日和

停留時間 **1小時**

　舟屋日和改建自傳統舟屋及其一側的母屋，以觀光交流設施之姿，為造訪伊根的遊人打造出一個能夠快速認識伊根的環境。除了不定期舉辦體驗、講座之外，常設的咖啡INE CAFE與餐廳鮨割烹海宮也提供面向伊根灣的無敵海景座位，讓人不管是品嚐咖啡還是海鮮餐點，都能感受最美的一刻。

地址 京都府与謝郡伊根町字平田593-1 **時間** 鮨割烹海宮11:30~14:30(L.O.14:00)，17:00~21:30(L.O.20:00)；INE CAFÉ 11:00~17:00(L.O.16:30)，依季節而異 **休日** 週三 **網址** funayabiyori.com

Tips 「丹後天橋立伊根フリー」是一張可以2天內無限搭乘範圍內路線巴士、觀光船、遊覽船的車票，想要玩遍天橋立與伊根，可以考慮使用這張票券。
使用期間：連續2日
地址 天橋立棧橋乘船處、一之宮棧橋乘船處、府中駅 **價格** 成人￥3500 **網址** www.tankai.jp

步行
6分

沿原路折返

16:00

WATER FRONT INN 與謝莊

停留時間
1小時

入住舟屋、聽著海潮聲入睡是許多旅人的夢想之一，與謝莊便是一間改建自舟屋的民宿，房間設施樸實，而位置稍低的餐廳就建在海平面上，一邊享用海鮮料理、一邊聽著潮音，真是十足舟屋享受。由於衛浴設施共用，費用相對低廉也是這裡的魅力之一。

地址 京都府与謝郡伊根町字平田507 時間 check in 16:00~20:00，check out 10:00 價格 一泊二食一人￥14300起 網址 www.yosasou278.com 注意 衛浴共用，房內部無電視、網路

Stay！

住宿推薦

舟屋の宿「蔵」

「蔵」以優雅的日式風情加上舟屋特色，一天只接待一組客人。民宿保留舟屋樣式，房間位在2樓，主臥室與陽台之間擺放了一個信樂燒浴缸，泡澡時一邊欣賞窗外伊根灣美景，一邊聽著海浪濤濤，絕對是至高無上的享受。

地址 京都府與謝郡伊根町字龜島863-1 時間 check in 15:00~18:00，check out 10:00 休日 不定休 價格 2人￥68200起/天，不供餐 網址 www.ine-kura.com 注意 2位以上才可預約，因安全考量不接待國小以下孩童

順遊推薦

兵四樓

推開厚重的門，女將親切的招呼聲，讓人感受到伊根濃濃的鄉土人情。兵四樓是當地少數晚間也營業的餐廳，許多不包餐的民宿都會推薦來這裡用餐，當然，食材新鮮，料理手法道地，也是大家推薦的原因。

地址 京都府与謝郡伊根町字平田155-2 時間 11:00~14:00，17:00~21:00 休日 週四 價格 燒魚定食￥1800

搭乘吊椅式的個人纜車面對沙洲與海灣，壯麗景色讓人嘆為觀止。

Start！・DAY2

9:15

¥200
巴士 31分
9:25從「伊根」站搭丹後海陸交通巴士至「天橋立ケーブル下」站

¥400
纜車 6分
搭乘傘松公園纜車上山

傘松公園

10:30

停留時間 1小時

從這裡望去的天橋立呈現斜斜的一劃，又被稱為「斜め一文字」，與「天龍觀」、宮津的「雪舟觀」、与謝野的「一字觀」並稱為天橋立四大觀。來到傘松公園不妨試試「股のぞき」，站在指定的位置，低下頭從兩腳之間反著看天橋立的景觀，會發現沙洲真的就好像在天上的橋一樣呢！

地址 京都府宮津市大垣75

¥400
纜車 6分
搭乘傘松公園纜車下山

步行 5分
先至「一の宮桟橋」租借單程自行車

天橋立 松並木

11:45

全長約3.6公里的天橋立沙洲分隔了宮津灣與內海阿蘇海，狹長的沙灘上植滿約8000株松樹，原本的目地是用來防風，但現在已經成為散步、騎腳踏車的好去處，更被選為日本名松百選之一。走完單程約1小時，騎自行車約20分。

地址 京都府宮津市文殊~府中　**價格** 自行車單程1小時¥400，往返3小時¥600　**網址** 自行車租借：kasamatsu-kankou.amebaownd.com

茶屋就位在沙洲上靠天橋立的一端

¥400
自行車 20分

橋立茶屋

12:05

停留時間 40分

店鋪位在天橋立白砂青松上，紅傘、木椅及充滿日式風格的建築，不論中午用餐或是散步途中來喝杯茶、吃份糰子，都很適合。尤其要推薦這裡的名物あさり丼，由天橋立四周的海裡撈上來的花蛤鮮甜美味，值得一試。

時間 10:00~17:00　**休日** 週四(夏季無休)　**價格** あさり丼(蛤蜊丼)¥1100　**網址** www.hashidate-chaya.jp

品嘗來自日本海的鮮甜滋味：蛤蜊丼飯。

騎至傘松觀光モーターボート
「文珠営業所」還車

自行車
10分

步行
1分

智恩寺

13:00

智恩寺供奉的文殊菩薩在日本人心目中是充滿智慧的象徵，在日本全國總共有三大供奉文殊菩薩的地方，稱做日本三文殊，故智恩寺別稱文殊堂。其木造建築保存著簡樸恢弘的古風，因為這裡有護佑學子智慧增長的傳說，寺廟販賣的護身符中，有個造型特殊的「知惠輪」是保佑聰慧。

停留時間
1小時

傳說撿到三支松針連起的「三鈷の松」，就能得到幸福。

地址 京都府宮津市字文珠466　時間 8:00~17:00
網址 www.monjudo-chionji.jp

出寺門即達

步行
1分

勘七茶屋

14:15

停留時間
1小時

位於智恩寺正對面的勘七茶屋隸屬於旅館文殊莊，創業於1690年，是寺前「四軒茶屋」，也就是唯「四」獲准能在寺廟前販賣智慧餅的老舖之一。傳說文殊菩薩將智慧託付在餅上，吃過的人能夠讓智慧倍增，是前來參拜的人一定不能錯過的名物。

地址 京都府宮津市文珠471-1　時間 9:00~17:00
休日 週三　價格 智恵の餅(智慧之餅)￥450　網址
www.monjusou.com/group/chaya/

步行
5分

15:30

天橋立駅
丹後鐵道

順遊推薦

天橋立View Land

天橋立View Land是一個多方位的遊樂園，由於從這裡看出去的天橋立沙洲像昇天飛龍，故又暱稱這裡望出去的景色為「飛龍觀」。除了可以展望美景之外，這裡也有一些遊樂設施可以付費體驗，像是緩緩轉動的摩天輪、高架腳踏軌道車，都是可以更高一層欣賞天橋立美景的設施，不怕高的人一定要試試！

地址 京都府宮津市天橋立文珠　時間 9:00~17:00，依季節而異，詳見官網　休日 不定休，詳見官網　價格 入園+登山車/個人纜車來回券國中以上￥850，國小￥450，可自由選擇搭登山車或是吊椅式個人纜車　網址 www.viewland.jp

￥5000

電車
2小時19分

搭15:51發往京都的
特急はしだて(橋立)6號指定席

18:07

京都駅
JR線

Goal！

京丹後 海之京都二日 樂活漫遊

 狛貓　豪華露營　海灘夕陽　米糠浴　牧場

京丹後市是京都府最北端的一個區域，其轄區涵蓋丹後半島西半側，西部沿海地區屬於山陰海岸國立公園。由於區域十分廣闊，建議可以利用丹後鐵道前往，以「久美浜」、「峰山」為遊玩據點，入住「夕日ヶ浦木津温泉」附近的溫泉設施。

DAY1

早　07:30 京都駅
　　　10:30 金刀比羅神社

午　12:00 米糠與湯煙
　　　13:00 KISSUIEN Stay&FOOD／午餐

晚　15:30 静花扇／住
　　　夕日浦海水浴場

DAY2

早　11:00 丹後澤西牧場 牛奶工房

午　11:30 薪窯Pizza／午餐
　　　13:00 かぶとやま展望台
　　　14:00 木下酒造
　　　15:00 豪商稲葉本家

晚　19:07 京都駅

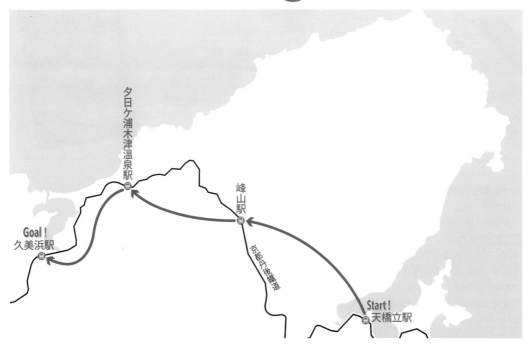

夕日ヶ浦木津温泉駅

峰山駅

Goal！
久美浜駅

京都丹後鐵道

Start！
天橋立駅

人少景美 北近畿最後一塊世外桃源

Point! 各地巴士班次不多，建議依個人腳力信步遊逛，或自駕前往。

Start！ ·DAY1

7:30 🚌 京都駅 JR線

¥3250

電車 1小時15分 搭7:32發往城崎溫泉的特急きのさき(城崎)1號指定席

8:47 🚌 福知山駅 丹後鐵道

¥2400

電車 1小時1分 搭8:55發往豐岡的特急丹後リレー1號指定席

9:56 🚌 峰山駅 丹後鐵道

¥200

巴士 6分 從出口1出站，搭10:16發的峰山延利線巴士至「京丹後市役所前」站

步行 10分

10:30 ### 金刀比羅神社

停留時間
1小時15分

金刀比羅神社主祭讓人「願望成真」的大物主大神，要參拜得登上社前120階樓梯，一路清幽，途中還可以在境內木島神社的小拜殿前看到兩尊「狛貓」，這可是日本唯一，別忘了停下來拍張照留念。

地址 京都府京丹後市峰山町泉1165-2 **時間** 自由參拜，授与所8:00~18:00(依季節更動) **網址** konpirasan.com

狛貓的由來

丹後是織布「縮緬」的發源地，早期養蠶十分盛行，但老鼠橫行，對產量有十分大的影響，於是人們便開始養貓驅趕鼠類。而木島神社的祭神即是織布養蠶的神明，順理成章地，其使者便是貓了。木島神社建成時，地方的蠶絲商人便在神社前奉上一對狛貓，面對神社，左側是抱著小貓的母貓，右側則是威風凜凜的公貓，十分珍貴，全日本難得一見。

提供狛貓繪畫體驗，可以將自己畫好的狛貓供奉在神社前。

京都

步行 10分　沿府道17號即達

米糠與湯煙 酵素風呂&桑拿

12:00

停留時間 1小時

京丹後的吉岡醫生在治療眾多患者時，發現大多數人都有自律神經失調的問題，因為希望打造一個能利用熱療溫浴改善體質的設施，於是引進了100%米糠浴，將身體埋入米糠中，利用發酵所產生的熱能達到身體最深層的溫熱效果，加上米糠特有的酵素，泡完皮膚光滑柔嫩，很受女性歡迎。

地址 京都府京丹後市峰山町杉谷941-1 **時間** 酵素風呂8:40~18:00，桑拿6:00~24:40，需提前預約 **休日** 週四 **價格** 米糠酵素風呂20分¥5500，桑拿1小時¥3900~4800 **網址** nuka-yuge.com

想要變美的女性一定不能錯過特殊的米糠酵素風呂。

就在隔壁　步行 1分

13:00

KISSUIEN Stay&FOOD

停留時間 1小時

KISSUIEN原本是以聚餐活動為主要業務的宴會館，近年全面翻修，以住宿&美食為主調。特別的是餐廳「aun」以健康為出發點，只使用京丹後的優良食材與最簡單的烹調，卻十分美味，怎麼吃都不會膩。午餐就在這裡享用吧！

地址 京都府京丹後市峰山町杉谷943 **時間** 6:45~9:30，11:00~14:00(需事前預約)，17:30~21:30(L.O.21:00) **價格** 丹後ばら寿司(散壽司)¥900 **網址** kissuien.jp

步行 10分　出飯店往左直走即達

14:30 峰山駅 丹後鐵道

¥950

電車 14分　搭14:57發往豐岡的特急はしだて(橋立)5號指定席

15:11 夕日ヶ浦木津溫泉駅 丹後鐵道

glamprouge夕日浦

充滿開放性、約9000坪的廣闊場地上,只有10棟豪華帳棚建築,讓人徹底感受與世隔覺的渡假感。一切設備、餐食都由管家打點好,入住後可以在這裡漫步,欣賞地平線上美麗的日落,夜晚也可以升起營火數著星空下的流星。奢華的露營體驗,只在海邊的京丹後才能體驗得到。

地址 京都府京丹後市網野町浜詰256-1
時間 Check In 15:00,Check Out 10:00
價格 2人帳無供餐￥13420起 / 1人 網址
www.kyoto-glamping.com

夕日浦海水浴場

夕日浦海水浴場與小天橋相鄰,一片長約8公里的潔白沙灘,因為沙質細緻,海水透明度高,與周遭高大的松樹被選為日本白沙青松百景。正如其名這裡也是欣賞夕陽的熱門地點。最近IG上熱門的打卡點,正是以漂流木設置的海灘鞦韆「Yurari」,帶來許多人潮。

地址 京都府京丹後市網野町浜詰 時間 自由參觀,海水浴只在7-8月開放

開車 **6分**　住宿提供接送,需事先預約

静花扇

15:30 静花扇是京丹後知名的高級旅館,尤其是別館的客房,窗外的天空和大海盡收眼底,彷彿漂浮在海面上一般。能眺望大海的露天風呂很受歡迎。另外針對女性顧客提供例SPA、岩盤浴、彩色浴衣等服務,還有使用膠原蛋白的兼顧美感的菜餚和甜點等,都是人氣不墜的原因。

停留時間 **1小時**

地址 京都府京丹後市網野町浜詰767 時間
Check In15:00～,Check Out～11:00
價格 一泊二食 ￥23650起 網址
www.hanaogi.jp

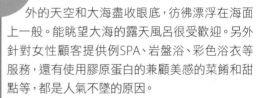

Stay !

可以實際走入牧場，近距離觀察了解乳牛的飼養情況。

Start! DAY2

09:45

開車 6分　住宿提供接送，需事先預約

10:00

夕日ヶ浦木津温泉駅 丹後鐵道

¥300

電車 14分　搭10:11發往豐岡的丹鐵電車

10:25

久美浜駅 丹後鐵道

自行車 15分　出站右轉至海邊，走國道178號即達

停留時間 30分

丹後澤西牧場

11:00

位在風光明媚的久美浜灣旁，丹後澤西牧場在大自然中生產美味的牛奶，並且友善對待乳牛，完善飼育環境，並發展成為親子共遊的觀光牧場。牧場內也設置了牛奶工房，讓遊客可以直接購買澤西牛乳製成的各式商品，品嚐其美味。

地址 京都府京丹後市久美浜町神崎411
時間 10:00~17:00　休日 週四　價格 自由見學　網址 www.tango-jersey.co.jp

Tips

在車站旁的觀光案內所提供自行車租借。
價格 一般自行車¥400/1日，電動自行車¥1500~2000/1日，詳洽工作人員。

步行 1分　就在牧場裡

薪窯Pizza

11:30

停留時間 30分

只在假日午餐時段提供的薪窯Pizza，麵皮使用地道的意大利麵粉加入少許丹後米粉，口感有嚼勁，再加入大量自家產的天然起司，搭配意大利進口窯爐和國產柴火烤製的披薩，香氣誘人。而依據季節不同，也會使用附近農場種植的蔬菜加入批薩，創造出季節限定口味。

時間 周末、假日11:00~14:30(L.O.14:00)　休日 週一~週五　價格 馬格麗特¥2120

沿原路往回騎至兜山公園，
從這側登山約30分能至展望台

自行車
10分

13:00

かぶとやま展望台

外觀是對稱的錐形山體的兜山，因其外觀像日本武士的頭盔(兜)，而被命名。位處於久美浜灣沿岸，海拔191.7公尺，山頂上設有觀景台，從兜山公園沿著登山步道走往山頂，路程約20分鐘。近年才新整備好的的觀景台十分舒適，可一覽久美浜灣。

停留時間
30分

[地址] 京都府京丹後市久美浜町甲山 [時間] 自由參觀 [備註] 登山口至山頂約需20-30分

久美浜灣的細長沙洲，因像日本三景之一的天橋立，而被命名為「小天橋」。

自行車
10分

下山回公園，騎往兜山站之前即達

14:00

木下酒造

停留時間
30分

創立於1842年的木下酒造以清酒「玉川」聞名。而不甘於傳統，第一個外籍杜氏Philip Harper進行開發「生酒」及「天然酵母酒」的產品，讓近代的產品又有「天然清酒」的稱號，其獨特的風味而為木下酒造贏得了不少死忠粉絲。

[地址] 京都府京丹後市久美浜町甲山1512 [時間] 9:00~17:00 [休日] 年末年始 [網址] www.sake-tamagawa.com

自行車
10分

沿著國道178號騎

15:00

豪商稻葉本家

稻葉本家是織田信長家臣美濃稻葉家的後裔，現在開放參觀的母屋，是第十二代當家從明治18年起花費5年建造，平入切妻式的二樓建築保留不少當時的建築特色，現在已被指定為文化財。

停留時間
1小時

[地址] 京都府京丹後市久美浜町3102 [時間] 9:00~16:00 [休日] 週三 [價格] 自由參觀 [網址] www.inabahonke.com

順著府道11號直行即達

自行車
5分

久美浜駅
丹後鐵道

16:15

¥5330

搭16:22發往豐岡的丹鐵電車至「豐岡駅」，轉16:42的特急きのさき(城崎)20號指定席

電車
2小時45分

京都駅
JR線

19:07

Goal !

可以在附設的喫茶店「吟松亭」品嚐美味的餐點

大阪排行程
入門指南

如今高樓林立的大阪早在江戶時代就已經成為日本經濟活動最旺盛的都市，甚至還被稱作是「天下的廚房」（物流商業繁茂之意）。從關西機場進出的旅人，多半第一站或最後一站必定會安排在大阪，除了浮誇搞笑的巨大招牌、熱鬧又熱情的大阪居民、便宜又美味的街邊小吃，繁華都心的夜景也是讓人念念不忘。

大阪

Q 我到大阪觀光要留幾天才夠？

Q 天氣跟台灣差很多嗎？

Q 什麼季節去最美？

A

大阪觀光景點密集，建議可以安排**1至2天**的行程。必逛的**難波、天王寺、梅田與大阪港**地區自然是不能錯過，環球影城、海遊館、各種大型摩天輪都很適合親子旅遊；想更深度遊覽大阪，也可以規劃到**堺市、箕面、池田**，探索與市區熱鬧都市氛圍相異的近郊景色。

A

大阪地區濕度高，加上市中心高樓林立不利通風，**夏季高溫要小心中暑**。春秋季氣溫變得溫和宜人，但早晚溫差大，夜晚外出記得帶件外套。大阪地區冬季不常下雪，但平均氣溫仍在10度左右，需要穿著羽絨外套防寒，尤其像是環球影城等沿海地區，**入夜後氣溫急遽下降**，要特別注意保暖。

A

2月中旬大阪各處梅花逐漸盛開，各色梅花別具優雅姿態，3月底輪到櫻花綻放，展現與梅花不同的風采。8月如果時間湊巧，可以去看**淀川煙火大會**，近1小時的煙火讓本就是不夜城的大阪更加耀眼。11月底開始，御堂筋大道兩旁高大的**銀杏樹轉為一片金黃**，在秋冬季夜間點燈下格外浪漫。

有了基本認識後，現在，就來打造最適合自己的旅遊行程吧！

從關西機場要搭什麼車進入大阪？

南海電鐵

如果想前往難波、心齋橋地區，最推薦搭乘南海電鐵，有特急Rapi:t、空港急行與普通列車可選擇，特急Rapi:t是全車指定席，設有行李櫃，舒適又有設計感；空港急行沒有行李櫃但班次較多，車資與普通車相同，通常不會特地搭乘普通車。

路線名	目的地	時間	價格(通常期)
Rapi:t	なんば(難波)	約35分	¥1490
空港急行	なんば(難波)	約43分	¥930

JR

JR提供關西機場往返大阪的兩個選擇，一為特急HARUKA，是從關西機場連結大阪市區最快的一輛車，雖然票價較其他列車貴，但快速又舒適；另一則是関空快速列車，車速較慢、沒有設置行李櫃，但更便宜且班次更多。

路線名	目的地	時間	價格(通常期)
特急HARUKA	天王寺	約35分	指定席¥2370 自由座¥1840
	大阪	約45分	指定席¥2940 自由座¥2410
	新大阪	約50分	指定席¥3120 自由座¥2590
関空快速	天王寺	約52分	¥1080
	大阪	約75分	¥1210

*前往難波站需在天王寺站轉車

利木津巴士

從關西機場第一、第二航廈入境大廳走出去就能搭乘，適合不方便拖行李或行動較不方便的旅人，但往大阪的巴士路線較多，分別要在不同月台搭乘，乘車前要先確認清楚。

一航站牌	二航站牌	目的地	時間	價格
5	1	大阪、梅田	約60分	¥1800
7	8	心齋橋	約55分	¥1800
11	6	難波	約55分	¥1300
3	7	大阪灣、環球影城	約60~70分	¥1800

有什麼**優惠車票**適合我？

	HARUKA單程車票 HARUKA One-way Ticket	Rapi:t電子票 関空トク割 ラピートきっぷ	JR關西廣域鐵路周遊券 JR Kansai WIDE Area Pass
使用區間	関西空港往返大阪、神戶、京都、奈良地區的JR電車單程車票	関西空港往返堺站、住吉大社站、天下茶屋站、新今宮站、なんば（難波）站的南海電鐵單程車票	山陽新幹線：新大阪～岡山 JR西日本鐵路：區間 丹後鐵道全線 和歌山電鐵全線 智頭急行：上郡～智頭 西日本JR巴士：京都市內、若江線 Ekirin Kun自行車租借：指定區域內
價格	關西機場～天王寺¥1300 關西機場～大阪、新大阪¥1800 ※6-11歲兒童半價	紙本票一般席大人¥1350 兒童¥680 紙本票商務席大人¥1560 兒童¥890 電子票一般席¥1300 商務席¥1490	¥12000 ※6-11歲兒童半價
有效時間	1日	指定日期當日	連續5日
使用需知	・JR普通、快速、新快速列車皆可搭乘，特急列車則僅可搭乘Haruka。 ・可至綠色售票機或綠色窗口免費指定Haruka座位一次。 ・可於指定區間的任何JR車站下車，出站車票即失效。	・電子票無法於購票當日使用，可於使用日期一個月前購買。 ・Rapi:t α不停靠堺站，特急Rapi:t不停靠住吉大社站。 ・特急Rapi:t為全車指定席，需事先指定座位才可搭乘，電子票購票後可直接使用手機指定特急Rapi:t的座位。 ・若中途下車出站，則車票不能再使用。 ・電子票附難波CITY、難波PARKS、難波SkyO優惠折扣，須至難波PARKS 2F服務台兌換成實體券，才可使用。	・JR普通~特急列車皆可搭乘，但搭乘指定席時，需事先預約才可搭乘。 ・可免費、不限次數於綠色售票機或綠色窗口預約指定席，但第七次起只能於綠色窗口預約。 ・於官網訂購的票券可自乘車時間1個月前於官網預約座位。 ・若想搭乘1等車廂或A-Seat車廂，則需另購票券。 ・自行車租借限12歲以上可使用，限當日借還。
售票處	於台灣代理店或JR西日本官網預訂，到日本後，至指定車站綠色售票機或觀光服務處兌換。	電子票需使用手機線上刷卡購買，由官網連結點選購票。 紙本票購票處：難波、新今宮、天下茶屋、堺、關西機場各站的窗口、粉色售票機、灰色售票機。	於台灣代理店或JR西日本官網預訂，到日本後，至指定車站綠色售票機或觀光服務處兌換。
官網			
購買身分	持短期停留簽證的外國旅客，兌換票券需出示護照。	無限制	持短期停留簽證的外國旅客，兌換票券需出示護照。

大阪

	JR關西地區鐵路周遊券 Kansai Area Pass	近鐵電車周遊券 KINTETSU RAIL PASS	大阪周遊卡 大阪周遊パス
使用區間	西日本JR電車：京都、大阪、神戶、姬路、奈良、滋賀指定區間 西日本JR巴士：京都市內路線 京都市營地鐵全線（僅一日） 京阪電車：石清水八幡宮～出町柳站、宇治線、石清水八幡宮參道纜車（僅一日） 阪急電車：京都線（僅一日）	近鐵電車：基本1日券包含京都、大阪及部分奈良區域，範圍依天數而擴大 生駒登山車 西信貴登山車：僅2日版本以上包含 奈良交通巴士：範圍依天數而異 伊賀鐵道全線：僅5日版本包含 三重交通巴士：指定區間，僅5日plus版本包含	Osaka Metro全線 大阪City Bus 京阪電車、阪急電車、阪神電車、近鐵電車、南海電車：區間
價格	1日¥2800 2日¥4800 3日¥5800 4日¥7000 ※6-11歲兒童半價	1日¥1800 2日¥3000 5日¥4500 5日plus¥5700 ※6-11歲兒童半價	1日¥3300 2日¥5500 無兒童票
有效時間	連續1~4日	連續1、2、5日	連續1~2日
使用須知	·周遊券內含JR周遊券一張，以及以下三張票券的兌換：京阪電車-京都觀光一日券、京都市營地鐵一日券、阪急電車京都線一日券。 ·兌換券須在有效期間內，至指定地點兌換後才可使用。 ·JR普通、快速、新快速列車皆可搭乘，特急列車僅可搭乘HARUKA，可免費指定HARUKA座位2次。 ·不含指定席、特急券，若要搭乘需另外購票。	·於台灣代理店購票後，須於6個月內兌換成實體票券。 ·無法搭乘特急列車。若要搭特急列車，需另外購買特急券。 ·使用期間憑票券可享沿線的設施優惠。	·僅販售QR Code電子票券，無實體紙本票券。 ·使用票券時須確保手機可以正常連線網路，無法以截圖方式使用。 ·無法搭乘IKEA鶴浜巴士以及開往環球影城的巴士。 ·購票後3個月內需使用完畢，1/1~3/31購買的票券最終可使用日為3/31前。 ·出示票券可享有沿線近40處景點免費入場或使用，另有多處設施及店家優惠折扣。
售票處	於台灣代理店或JR西日本官網預訂，到日本後，至指定車站綠色售票機或觀光服務處兌換。	可以在台灣代理店內購買，至日本後再持QR Code換車票。也可以抵達日本後直接購買，5日券、5日券plus在日本購買價格會貴200　。主要購票地點：大阪難波、大阪上本町、大阪阿部野橋、京都、近鐵奈良各站；關西國際機場、京都的關西旅遊資訊服務中心。	於スルッとQRtto官方網站使用email註冊帳號並線上刷卡購買。
官網			
購買身分	持短期停留簽證的外國旅客，兌換票券需出示護照。	持短期停留簽證的外國旅客，兌換票券需出示護照。	無限制

大阪地鐵一日券 エンジョイエコ カード	關西鐵路卡 KANSAI RAILWAY PASS	京都大阪觀光券 KYOTO-OSAKA SIGHTSEEING PASS	阪堺電車一日券 全線1日フリー乗車 券てくてくきっぷ	阪急電車一日券 阪急1dayパス
Osaka Metro 全線 大阪City Bus全線	京都、大阪、神戶、比叡 山、姬路、和歌山、奈良、 高野山的私鐵電車與地 鐵，除了近鐵有指定區間， 其餘皆為全線可搭乘	京阪電車全線：含石清水 八幡宮參道纜車，大津線 除外	阪堺電車全線	阪急電車全線
大人平日¥820 大人周末假日 ¥620 兒童¥310	2日¥5600 3日¥7000 ※6-11歲兒童半價	國外販售1日券¥1000 日本國內1日券¥1100 國外販售2日券¥1500 日本國內2日券¥1600	大人¥700 兒童¥350	1日¥3300 2日¥5500 無兒童票
1日	任選2~3日	連續1~2日	1日	1日
·可提前購票， 初次使用時， 會在背面印上 日期。 · 無法搭乘 IKEA鶴浜巴士 以及開往環球 影城的巴士 ·使用期間憑 票券可享大阪 市內約30處的 設施優惠。	·為磁卡票券，刷票走一 般閘口即可。 ·部分車站沒有適用的自 動剪票機，每日初次乘車 前請用黑筆填寫票券背面 的「利用月日」，並出示票 券背面給站務人員看。 ·只能搭乘自由座。若要 搭乘指定席，需另外購買 指定席券。 ·出示票券可享有關西地 區將近200處景點、店家 的優惠折扣。	·每年4/1~隔年3/31購買 的票券使用期限至隔年 4/30前。 ·若要乘坐指定席車廂 Premium Car須另行付費。 ·使用期間憑票券可享京 阪電車沿線的設施或店 家優惠。	·使用車票時， 請將使用日的 年月日刮開，下 車時出示給車 長即可。 ·若年、月、日 任一有兩處以 上被刮開，車 票視為無效。	·僅販售QR Code 電子票券，無實體紙 本票券。 ·購票後3個月內需 使用完畢，1/1~3/31 購買的票券最終可 使用日為3/31前。 ·搭乘地鐵時，請於 專用閘門掃描電子 票券 QR Code即可 通過，電子票券QR Code畫面會持續刷 新，使用票券時須確 保手機可以正常連 線網路，無法以截圖 方式使用。
Osaka Metro各 站售票機、定 期券販賣處	可以在台灣代理店內購買， 至日本後再持券換車票。也 可以抵達日本後直接購買。 主要購票地點：關西國際機 場和京都的關西旅遊資訊 服務中心、Osaka Metro難 波/天王寺/梅田各站定期 售票處、京都站前公車綜合 服務處。	可以在台灣代理店內 購買，至日本後再持QR Code換車票。 日本境內可於：關西國際 機場第1航廈關西旅遊資 訊服務中心、京都關西旅 遊資訊服務中心、京阪電 車三条、京橋、天滿橋、 北浜、淀屋橋站購買。	天王寺駅前· 我孫子道·浜 寺駅前各站乘 車券販賣處； 或於下車時向 司機購買。	於スルッとQRtto官 方網站使用email註 冊帳號並線上刷卡 購買。
無限制	持短期停留簽證的外國旅 客，兌換票券需出示護照。	持短期停留簽證的外國旅 客，兌換票券需出示護照。	無限制	無限制

大阪的 **東西南北馬上看懂**

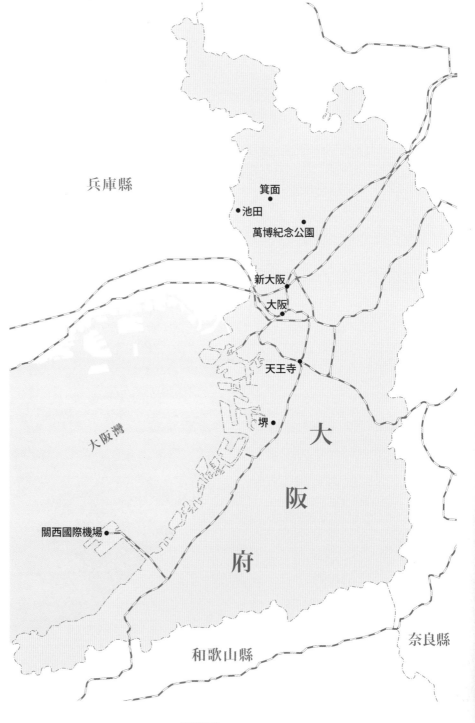

兵庫縣

箕面
•
•池田
萬博紀念公園
•

新大阪
大阪
•

天王寺
•

堺
•

大阪灣

大
阪

關西國際機場
•

府

和歌山縣

奈良縣

我要住哪一區最方便？

Point! 大阪地區鐵路發達，沿線車站週遭大多都很方便！

❶難波：

難波站是大阪的交通樞紐之一，有JR線、直達機場的南海電鐵以及各家鐵路經過，無論是在大阪市區遊玩，或是前往關西機場、奈良、和歌山等地都非常方便，周遭商店百貨密集，半夜也不怕肚子餓。距離難波1站的日本橋、心齋橋站也是很好的住宿地選擇。

❷梅田：

梅田站一個地區就匯集了6個車站，雖然被旅人視為迷宮車站，但也代表交通十分方便，從梅田往返京都、神戶地區都是輕鬆又快速，對交通、找路有把握的旅人可以考慮住這。梅田一帶也是百貨林立，吃喝玩樂不是問題。

❸新大阪：

新大阪站距離大阪市區有一小段距離，但因有JR、新幹線和大阪地鐵經過，也成為不少旅人的選擇。這一區雖然娛樂較少，主要餐廳都在車站內，但因房價較為便宜、交通便利，仍然十分受歡迎。

❹新今宮：

新今宮站～動物園前站一帶旅館價格相對便宜，距離南海難波站僅一站的距離，前往大阪市區景點交通都算方便，但要注意動物園前站以南是大阪的紅燈區，找住宿地點時建議避開。

❺天王寺：

天王寺站離阿倍野展望台、通天閣等景點都非常近，吃、住、娛樂都不用擔心以外，也有JR和大阪地鐵經過，又是南海電鐵以及近鐵的首站，很適合想前往吉野山、高野山或和歌山的旅人，當然前往市區交通也不是問題。

大阪

新世界 時光倒流一日行程

通天閣　炸串　懷舊　展望台　都市夜景

20世紀初期，受到大阪博覽會吸引人潮與電車線開通的鼓舞，新世界地區模仿巴黎都市計畫設計街道，建造通天閣，成為當時最大的歡樂地區，進入昭和年代之後，卻猶如時間腳步靜止，就這樣停留在往昔，保留最有懷舊感的咖啡館、串炸、站著品嚐的立食小吃等庶民美食。

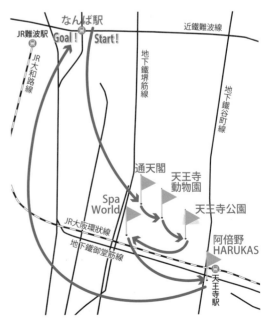

早	**09:30** なんば駅 **10:00** 通天閣
午	**12:15** だるま/午餐 **13:30** 天王寺動物園 **14:30** 天王寺公園 **15:15** Spa World世界の大温泉
晚	**17:30** HARUKAS300展望台 **18:43** なんば駅

穿梭古今 現代與歷史交織的歡樂街道

Point! 通天閣與炸串都是國際知名的必訪景點，排隊人潮眾多，停留時間可以多抓一點！

Start！

09:30

なんば駅
御堂筋線

¥190

電車 5分 搭9:42發往なかもず的 Osaka Metro御堂筋線

09:47

動物園前駅
御堂筋線

步行 8分 從1號出口出站後往北步行

通天閣

10:00

停留時間 2小時

通天閣初建於明治45年，後因火災毀損，現在所見的則是1956年代再建的第二代通天閣，整棟建築除了購物、展望台、咖啡廳及百年前的新世界街區模型展覽，也有多種有趣又刺激的體驗。最受歡迎的好運福神ビリケン在5樓展望台有個神殿，據說只要撫摸腳底說出願望，就能美夢成真。

地址 大阪市浪速區惠美須東1-18-6 **時間** 10:00~20:00(依設施而異，詳見官網) **價格** 一般展望台15歲以上¥1000，5~14歲¥500(2025年4月起漲價，詳見官網)；特別屋外展望台15歲以上+¥300，5~14歲+¥200 **網址** www.tsutenkaku.co.jp

沿通天閣南本通往南

步行 2分

だるま 新世界総本店

停留時間 1小時

12:15

創業於昭和4年(西元1929年)，已有90多年歷史的だるま是大阪串炸老店，至今仍受當地居民愛載，總是高朋滿座，用餐時刻沒有在外頭等上20分鐘絕對吃不到。特製的泡菜單吃就很夠味，若和沾了醬的豬肉串炸一同入口，更是美味。

地址 大阪市浪速區惠美須東2-3-9 **時間** 11:00~22:30 (L.O.22:00) **價格** 総本店セット 9本(9種串炸套餐)¥1760 **網址** kushikatu-daruma.com

大阪

步行 5分

天王寺動物園

13:30

停留時間 1小時

成立於1915年的老牌動物園,是日本第三座動物園,歷史悠久,自開園以來深受關西地區人喜愛,直接重現動物棲息地的生活環境,如今園內約有310種1500多頭可愛的動物,其中以非洲草原的草食動物區最受小朋友的喜愛。

地址 大阪市天王寺區茶臼山町1-108 天王寺公園內 **時間** 9:30~17:00,5、9月假日至18:00(最終入園至閉園前一小時) **休日** 週一(遇假日順延翌日休)、12/29~1/1 **價格** 成人￥500,國中小學生￥200 **網址** www.tennojizoo.jp

步行 1分 動物園即位於公園內

天王寺公園

14:30

停留時間 30分

這座歷史超過百年的公園,就夾在充滿昭和氛圍的新世界與百貨高樓林立的阿倍野之間,宛如城市裡的綠珍珠般,裡面包含動物園、美術館、日式庭園與茶臼山歷史遺跡,逛累了想休息也有特色咖啡餐廳、旅館、農特產店與兒童及寵物遊戲區等,適合全家人前來享受悠閒時光。

地址 大阪市天王寺區茶臼山町5-55 **時間** 依設施而異 **網址** www.tennoji-park.jp

只需往天際線眺望,高聳的阿倍野大樓是辨識方向的明顯地標。

順遊推薦

大阪市立美術館

天王寺公園內的大阪市立美術館,於昭和11年(西元1936年)開館,這裡收藏超過8,000件日本和中國的美術作品,許多都是日本重要的文化遺產。除了欣賞館藏展外,也定期推出各式主題企劃特展。

地址 大阪市天王寺區茶臼山町1-82 天王寺公園內 **時間** 9:30~17:00(入館至16:30) **休日** 週一(遇假日順延翌日休)、12/28~1/4、換展期間 **價格** 成人￥300,高中大學￥200,國中以下免費,特展需另外購票 **網址** www.osaka-art-museum.jp **備註** 經歷2年半大規模整修,將於2025年3月重新開館

步行 8分

沿原路折返,通天閣南本通走到底即達

15:15

Spa World
世界の大温泉

停留時間 1.5小時

這裡是大阪市區內最大型溫泉設施,讓人放鬆身心的療養勝地,除了觀光客也吸引許多當地人。館內有世界各國主題的溫泉區域,如峇里島、地中海、西班牙、日本等豐富浴池,還有岩盤浴、蒸氣浴等療養區,更有半開放式的露天泳池,讓人有如置身異國。

地址 大阪市浪速區惠美須東3-4-24 **時間** 依設施而異,溫泉10:00~隔日8:45 **價格** 一般入館費(僅可泡湯)國中以上¥1500,國小以下¥1000,0:00~5:00在館需另付深夜費用¥1300+入湯稅¥150,價格依季節浮動 **網址** www.spaworld.co.jp

搭16:55發往なかもず的Osaka Metro御堂筋線

電車 1分 ¥190

天王寺駅 御堂筋線 **16:56**

從9號出口出站即達

步行 3分

停留時間 1小時

HARUKAS300展望台

17:30

購票後從16樓搭乘直達展望台的電梯,只要50秒便到達60樓。四面透明的玻璃營造360度無死角視覺體驗,從300M的置高點向外望去,京阪神一帶的風景映入眼底,天氣晴朗的時候,甚至可以遠眺明石海峽大橋、關西國際機場等。

地址 大阪市阿倍野區阿倍野筋1-1-43 **時間** 9:00~22:00 **價格** 成人¥2000、國高中¥1200、國小¥700、4歲~未就學¥500 **網址** www.abenoharukas-300.jp

大阪

阿倍野HARUKAS

雖說東京晴空塔標高634M,但其終究不是大樓,要說日本最高的大樓當屬阿倍野HARUKAS。HARUKAS在日本古語中為「變得晴朗」之意,不只指天氣,更指心境、未來與大阪的榮景。高300M的大樓裡有近鐵百貨、展望台、美術館、酒店與美食餐廳等等,多樣性的機能讓這裡成為新興休閒購物景點。

地址 大阪市阿倍野區阿倍野筋1-1-43 **時間** 依設施而異 **網址** www.abenoharukas-300.jp

¥240

電車 6分

搭18:37發往新大阪的Osaka Metro御堂筋線

18:43 **なんば駅** 御堂筋線

Goal !

從心齋橋到難波
購物美食一日全攻略

大阪燒　道頓堀　心齋橋
黑門市場　固力果跑跑人

大阪南區的難波是關西許多交通動線的匯集中心，四通八達的交通吸引了大型購物商場、百貨聚集，更可輕鬆徒步直達道頓堀和心齋橋，將整個大阪南區一次逛個夠。除了浮誇搞笑的巨大招牌、熱鬧又熱情的大阪居民、便宜又美味的街邊小吃、繁華都心的夜景都讓人念念不忘。

早
10:15 なんば駅
10:30 難波八坂神社

午
11:30 黑門市場／午餐
13:00 大阪農林会館
14:15 心齋橋商店街
16:15 戎橋

晚
17:00 美津の／晚餐
18:30 NAMBA PARKS
20:45 なんば駅

暢遊大阪市區
暖暖人情與庶民美食大收穫

Point! 難波、心齋橋一帶讓人逛到停不下腳步！途中逛累了就找間咖啡廳坐下休息吧。

Start！

10:15 なんば駅 Osaka Metro

步行 **10**分

10:30

難波八坂神社

從東鳥居走進難波八坂神社，就被眼前的大獅口震懾，這張大口的獅子其實是難波八坂神社的獅子舞台。由於受到戰火波及，神社曾經殘破，但經由地方人士共同復興，昭和49年重建完成，才有我們現在看到的難波八坂神社。

停留時間 30分

地址 大阪市浪速區元町2-9-19 **時間** 6:00~17:00 **網址** nambayasaka.jp

走回なんば駅，搭11:17發往南巽的Osaka Metro千日前線

¥190 電車 **1**分

日本橋駅 Osaka Metro

11:18

步行 **4**分 從10號出口出站

停留時間 1小時

黑門市場

11:30

黑門市場是從江戶時代即開始經營的傳統市場，有「大阪的廚房」(浪速台所)之稱。總長580公尺的黑門市場，不論是日式醃漬菜、生鮮食材、水果，甚至是外帶熟食，都可以在這裡找到道地口味！一早就能吃到最新鮮的海鮮料理，非常幸福。

地址 大阪市中央區日本橋2-4-1 **時間** 依店鋪而異 **網址** kuromon.com/jp/

¥190 電車 **2**分 搭12:38發往天神橋筋六丁目的 Osaka Metro堺筋線

長堀橋駅 Osaka Metro

12:40

步行 7分 從2-B號出口出站

13:00

大阪農林会館

停留時間 1小時

建於昭和5年(西元1930年)的大阪農林會館,是大阪知名的懷舊建築。這裡原先是三菱公司大阪分公司,三菱公司遷出後,現在五層的建築分租給眾多個性商店,生活雜貨店、服飾店、藝廊和餐廳,一間一間地探索各個房間,也許會有意想不到的收穫!

地址 大阪市中央區南船場3-2-6 **時間** 依店舖而異 **休日** 依店舖而異 **網址** www.osaka-norin.com

步行 7分 往心齋橋駅的方向前往

心齋橋商店街

14:15

停留時間 2小時

心斋桥是條具有百年歷史的購物商店街,SOGO百貨便是由此發跡。擁有遮陽頂蓋的心斋橋筋商店街中,百貨公司、餐廳、老舖、時尚流行等琳瑯滿目的商家林立;隔壁的御堂筋更是大阪精品最集中的區域,讓人彷彿置身巴黎香榭大道。

地址 大阪市中央區心齋橋筋1~2丁目 **網址** www.shinsaibashi.or.jp

步行 1分 沿心齋橋商店街一路往南即達

戒橋

16:15

停留時間 30分

位在道頓堀與心斋橋的入口的戒橋總是聚集滿滿的人潮,從戒橋向戒橋商店街的方向可以看到大阪名人固力果的超大看板,路過的旅客紛紛停下腳步合影留念,鎂光燈此起彼落,十分熱鬧。

地址 大阪市中央區難波、道頓堀一帶

美津の

17:00

美津乃是道頓堀的大阪燒名店，已有超過60年的歷史。熱門的山芋燒完全不使用麵粉，以山藥代替，呈現柔軟但又富有口感的美味，剛煎好馬上食用的話，口感鬆軟綿密，若在鐵板上放久一點，底層會漸漸酥脆，形成二種食感。

(地址) 大阪市中央區道頓堀1-4-15 (時間) 11:00~22:00 (L.O.21:00) (休日) 週四(遇假日則開店)、1/1~2 (價格) 美津の燒(美津乃燒)¥1580，山芋燒(山藥燒)¥1780 (網址) www.mizuno-osaka.com

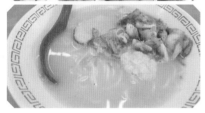

金龍ラーメン 道頓堀店

遠遠看見巨龍招牌就知道金龍拉麵到了！近期因土地問題拆除龍尾的招牌，因店家幽默地在龍頭裝飾上淚珠，又再次引起熱門話題。坐在半露天的榻榻米座上吃碗加了以豬骨與雞骨所熬煮一整天的叉燒拉麵，淡淡的豬骨湯頭加入醬油調味，再加入泡菜、辣韭菜，果然一絕。

(地址) 大阪市中央區道頓堀1-7-26 (時間) 24小時 (價格) 拉麵¥800

右側直書：**大阪**

NAMBA PARKS

18:30

NAMBA PARKS所在地曾是大阪球場，以大阪未來都市的概念進行開發，請到和東京六本木HILLS相同的設計團隊規劃，創造出一處都市中的森林綠洲。商場與南海電鐵的難波駅相連，交通十分便捷，是前往關西機場、和歌山的交通樞紐。

(地址) 大阪市浪速區難波中2-10-70 (時間) 購物11:00~21:00，餐廳11:00~23:00 (休日) 不定休(詳見官網) (網址) www.nambaparks.com (注意) 出示護照至2樓服務台可領取¥500的優惠券

20:45　なんば駅 Osaka Metro

Goal !

大阪必逛地標 大阪城 一日遊

 大阪城　造幣局　露天神社　章魚燒　摩天輪

大阪城無疑是大阪最著名的地標，除了天守閣之外，境內的大阪市立博物館和古蹟文物也不容錯過，而西之丸庭園、梅林更是賞花季節人潮聚集的景點。梅田是大阪的交通樞紐，同時也是龐大的商場，初次進入必定驚訝於它的錯綜複雜，因為就連當地人都可能迷路呢！

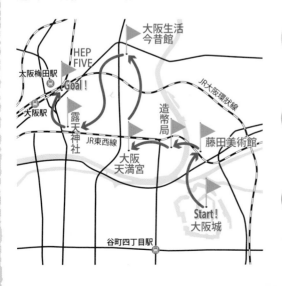

早
08:30 なんば駅
09:00 大阪城
11:30 藤田美術館

午
12:50 造幣局
14:30 大阪天滿宮
15:30 大阪生活今昔館

晚
17:30 露天神社
18:15 蛸の徹／晚餐
19:30 HEP FIVE
20:48 なんば駅

直搗城市心臟
探索繁華與歷史的雙重面貌

Point!

大阪城距離周遭各站皆有約15~20分的步行距離,可以依住宿地選擇較順路的車站前往。

Start!

08:30 🚃 **なんば駅** Osaka Metro

¥240 電車 **6分**

搭8:31發的Osaka Metro千日前線,至「谷町九丁目駅」轉乘谷町線

08:40 🚇 **谷町四丁目駅** Osaka Metro

從9號出口出站 步行 **20分**

09:00

大阪城

停留時間 **2小時**

大阪城無疑是大阪最著名的地標,金碧輝煌的大阪城為豐臣秀吉的居城,可惜原先的天守閣早毀於豐臣秀賴與德川家康的戰火中,江戶時期重建後的城堡建築又毀於明治時期。二次大戰後再修復後則成為歷史博物館,館內展示豐臣秀吉歷史文獻。

地址 大阪市中央區大阪城1-1 **時間** 9:00~17:00(入城至16:30),旺季閉館時間延後(詳見官網) **休日** 12/28~1/1 **價格** 天守閣高中以上¥600,西之丸庭園高中以上¥200,御座船高中以上¥1500、國中小¥750 **網址** www.osakacastle.net

步行 **23分**

11:30

藤田美術館

停留時間 **1小時**

1954年已經開館的藤田美術館,是由明治時代的大阪仕紳藤田傳三郎以及其子嗣們收集的美術品而創建,2022年重新開幕後,榮獲了不少建築或是燈光設計獎項,只有進入美術館欣賞藝術品需要門票,附設的茶屋跟戶外庭園空間都能免費入場休憩。

地址 大阪市都島區網島町10-32 **時間** 10:00~18:00 **休日** 12/29~1/5 **價格** ¥1000,19歲以下免費 **網址** fujita-museum.or.jp

大阪

步行 13分 往北走，於櫻宮橋左轉過橋

造幣局

12:50

停留時間 1小時

每年4月左右，造幣局從南門到北門長達560公尺的櫻花通道就會開滿117種櫻花，這些櫻花樹是在明治初年由藤堂藩倉庫移植而來。非櫻花季時也能免費進入造幣博物館參觀，館內展示眾多日本硬幣和造幣局的歷史。

地址 大阪市北區天滿1-1-79 時間 博物館平日9:00~16:45，詳見官網 休日 博物館每月第三個周三、年末年始、櫻花通道開放期間 網址 www.mint.go.jp 注意 櫻花通道需官網免費預約才可入場

¥210

14:14於「桜の宮橋」站搭36號巴士至「南森町」站

巴士 1分

大阪天滿宮

14:30

停留時間 30分

大阪天滿宮與京都的北野天滿宮、福岡縣的太宰府天滿宮被稱為日本三大天滿宮，大阪市民暱稱天滿宮為「天神さん」，由於祭奉學問之神菅原道真，各地考生都會前來祈求考試順利合格。天滿宮裡都有臥牛像，因為牛是祭神的使者，據說摸牛頭可以增長智慧和增加財運喔！

地址 大阪市北區天神橋2-1-8 時間 5:30~18:30 網址 osakatemmangu.or.jp

步行 6分

15:10

南森町駅 Osaka Metro

¥190

電車 13分 搭15:12發的Osaka Metro堺筋線

天神橋筋六丁目駅 Osaka Metro

15:15

步行 3分

大阪生活今昔館

15:30

停留時間 1.5小時

大阪くらしの今昔館呈現明治、昭和、大正年代的大阪住宅生活，9樓在室內等比例重現江戶時代的大阪街道，漫步其間彷彿穿梭時光隧道，走入昔日的町家生活。

地址 大阪市北區天神橋6-4-20住まい情報センタービル8F 時間 10:00~17:00，入館至16:30 休日 週二(遇假日開館)、年末年始12/29~1/3 價格 成人¥600，高中大學生¥300 網址 konjyakukan.com

¥190

電車 4分

搭乘17:12發的Osaka Metro谷町線

17:16

東梅田駅
Osaka Metro

步行 3分

17:30

露天神社

停留時間 30分

露天神社建於1300年,1945年太平洋戰爭被燒毀後重建,拜殿前的石柱還有留有當時的彈痕呢!神社以締結良緣聞名,境內的美人祈願繪馬十分特別,繪馬上是無臉的藝妓,可以自由畫上嚮往的面貌。每個月的第一個周五會舉辦「お初天神蚤の市」(跳蚤市場),集合30~40家店舖擺攤,熱鬧非凡。

地址 大阪市北區曾根崎2-5-4 時間 6:00~ 24:00,社務所 9:00~18:00 價格 自由參拜 網址 www.tuyutenjin.com

步行 9分

18:15

蛸の徹 角田店

停留時間 1小時

蛸の徹是一間提供顧客自己動手滾章魚燒的餐廳,點好想吃的口味後,店員會幫忙在烤盤上塗上油,再放入配料與粉漿,接下來就是自己上場的時間了。烤好的章魚燒再依個人口味淋上醬料,獨一無二的章魚燒就完成囉!

地址 大阪市北區角田町1-10 時間 11:30~23:00(L.O.料理22:15,飲品22:30) 價格 たこ燒(章魚燒)¥830 網址 takonotetsu.com

大阪

步行 5分

HEP FIVE

停留時間 1小時

遠遠可以看到頂樓大紅色摩天輪的HEP FIVE,包含HEP FIVE與HEP NAVIO兩棟相連的百貨,其中HEP FIVE有許多年輕人愛逛的品牌,9層樓擁有將近百間店舖。逛到7樓時,一定要去搭乘難得的市區摩天輪,一圈15分鐘的體驗,梅田風光盡收眼底。

19:30

¥240

電車 4分

從「梅田駅」搭乘20:40發往天王寺的Osaka Metro御堂筋線

20:48

なんば駅
Osaka Metro

地址 大阪市北區角田町5-15 時間 購物11:00~21:00,餐廳~22:30,摩天輪~22:45 休日 不定休,詳見官網 價格 摩天輪6歲以上¥600 網址 www.hepfive.jp

Goal!

中之島水都一日行

中之島宛如一塊城市的綠洲地帶，也形成大阪的水都印象，沿著中之島一路向南至本町，隨處可見的懷舊建築讓人印象深刻，迷人的水岸古蹟建築風光紀錄著大阪過去的風華。

早
- **09:45** 大阪駅
- **10:15** 大阪中之島美術館
- **11:30** こども本の森

午
- **12:45** Smørrebrød Kitchen／午餐
- **14:00** 大阪府立中之島図書館
- **14:30** 大阪市立東洋陶瓷美術館
- **15:50** 大阪瓦斯大樓
- **16:30** 綿業会館

晚
- **17:00** 美々卯 本町店／晚餐
- **18:15** 梅田駅

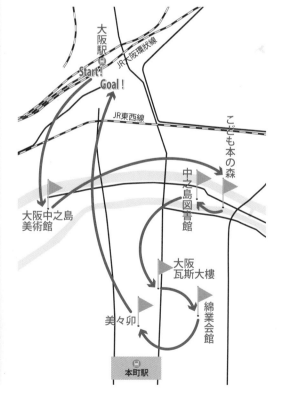

中之島水都漫遊
穿越時光的綠洲與懷舊建築

Point! 一天遊覽大阪重要歷史建築！

2樓的戶外平台的草地休閒區，不定期舉辦各類活動。

Start !

09:45 大阪駅 JR線

¥210 巴士 9分

9:59從「大阪駅前」站搭75號巴士至「田蓑橋」站

10:15

大阪中之島美術館

停留時間 **45分**

中之島美術館的籌備經歷了30年，館藏從19世紀到21世紀的美術品，「繼承歷史，創造未來」是開館宗旨。除了外觀非常有獨自的世界觀外，內部寬闊的大廳以及交錯的階梯，是為了讓進場的觀客們可以隨著藝術一起流轉這個理念所設計。

步行 7分

地址 大阪市北區中之島4-3-1 **時間** 10:00-17:00(入館至16:30) **休日** 週一 **價格** 依展覽內容而異(詳見官網) **網址** nakka-art.jp

渡辺橋駅 京阪電鐵

11:15

¥230 電車 3分

搭11:20發往枚方市的京阪電鐵中之島線

11:23 なにわ橋駅 京阪電鐵

步行 4分

從3號出口出站

11:30

こども本の森 中之島

停留時間 **1小時**

由著名建築師安藤忠雄設計及創建並贈送給孩子的圖書館，志在創造一個讓孩子們學習生命的重要性，並培養豐富的感性和創造力的地方。豐富的館藏書籍，目標年齡層不僅限於孩童。安藤忠雄期望孩子們能以無盡地好奇心探索閱讀的快樂，培養視覺的豐富與敏感度。

地址 大阪市北區中之島1-1-28 **時間** 9:30~17:00 **休日** 週一(遇假日順延翌日休)、藏書整理日、年末年始 **網址** kodomohonnomori.osaka **注意** 入館採預約制，需先上網預約

大阪

步行
6分

12:45

Smørrebrød Kitchen

停留時間
1小時

料理開拓人崛田裕介所創的 Smørrebrød Kitchen就位於古蹟中之島圖書館內，以大阪地產食材結合北歐鄉村料理的「smørrebrød(開放式三明治)」，邀請曾在巴黎米其林星級餐廳工作的葭谷真輝擔任主廚，融合和食元素與法式烹調技法，為大阪打造時尚的美食新地標。

地址 中之島図書館2F **時間** 9:00~17:00(週五六20:00) **休日** 不定休 **網址** www.smorrebrod-kitchen.com

餐廳即位於圖書館內

步行
1分

停留時間
20分

大阪府立中之島図書館

14:00

中之島圖書館外觀猶如歐洲美術館一般，為大阪的代表性建築。館內專門收藏商業及與大阪相關的各種圖書、雜誌，每天都有許多商業人士前來利用。館內的大阪資料及古典藏書室，還收集了從江戶時代到現代的大阪地圖，如果想深入了解大阪，來此準沒錯。

地址 大阪市北區中之島1-2-10 **時間** 9:00~20:00(週六至17:00) **休日** 週日、假日、年末年始、3、6、10月第2個週四 **網址** www.library.pref.osaka.jp/site/nakato/

步行
4分

大阪市立
東洋陶瓷美術館

14:30

停留時間
1小時

東洋陶瓷美術館有著貼滿淺咖啡色瓷磚的外觀，館內空間設計相當特別，自然光將陶瓷展品原本的色彩與光澤表露無遺，是全世界第一座以自然採光展示的美術館。館內展出中國、韓國與日本的陶瓷藝術品，約有超過2000件以上的收藏。

地址 大阪市北區中之島1-1-26 **時間** 9:30~17:00(入館至16:30) **休日** 週一(遇假日順延翌日休)、12/28~1/4、換展期間 **價格** 成人￥1800，高中大學￥800 **網址** www.moco.or.jp

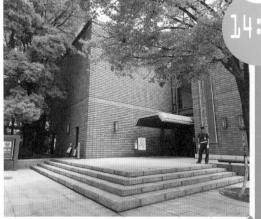

步行 15分 沿三休橋筋往南至平野町通右轉

大阪瓦斯大樓

15:50 **停留時間 30分**

大阪瓦斯大樓由安井武雄設計，於昭和8年(西元1933年)竣工，2003年登錄有形文化財。南館8樓的ガスビル食堂也在同年開始營業至今，由東京帝國飯店的主廚坐鎮德歐風料理，當時招牌名物的ビーフカレー(牛肉咖哩)和ハヤシライス(牛肉飯)，至今依舊能在此享受。

[地址] 大阪市中央區平野町4-1-2 [時間] ガスビル食堂11:30~20:30 [休日] ガスビル食堂周末、假日
[價格] 牛肉咖哩¥1980，牛肉飯¥1870 [網址]
www.osakagas.co.jp/gasbuil/index.htm

步行 9分

綿業会館

停留時間 15分

16:30

昭和初期大阪有「東洋曼徹斯特」之稱，是世界第一的綿製品出口國，已故東洋紡專務理事岡常夫為了促進日本綿業發展，立下遺志捐出遺產建了這棟會員制的日本綿業倶楽部。義大利文藝復興時期的建築風格，內部富麗堂皇得讓人瞠目結舌，想要一窺風采一個月只有一次機會，採事先預約制，千萬別錯過機會。

[地址] 大阪市中央區備後町2-5-8 [時間] 見學預約制，每月第4個週六10:30、14:30 [休日] 週日、例假日，第3個週六 [價格] 見學第1梯次10:30(含午餐)¥4500，第2梯次14:30 ¥500 [網址] mengyo-club.jp

步行 7分 沿備後町通往西走

美々卯 本町店

17:00 **停留時間 1小時**

美々卯是關西美味烏龍麵什錦鍋的創始店，創始人摩薩平太郎出生於有著200年歷史的高級料亭，啟發了他開設這家獨特麵店的構想。烏龍麵碗中食材豪華豐富，有星鰻、穴子、文蛤、鮮蝦、雞肉等海陸料理，還有京都代表性高級食材的湯葉、生麩等，是終極美味的烏龍麵。

[地址] 大阪市中央區本町4-6-4北御堂西裏
[時間] 11:30~15:00，17:00~21:00(L.O.20:00)
[休日] 週日、假日 [網址] www.mimiu.co.jp

步行 5分

本町駅 御堂筋線
18:10 **¥190**

搭18:11發往箕面萱野的
Osaka Metro御堂筋線

電車 4分

18:15 **梅田駅** 御堂筋線

Goal！

大阪港一日海濱之旅

大阪港　海遊館　摩天輪　觀光船　海濱夕陽

大阪是一個濱海城市，從古時便因港灣而繁榮起來，大阪灣範圍廣泛，包括大阪環球影城、灣區的天保山周邊、南港、北港等地，不僅有購物中心、主題公園可以玩上一整天，也可以坐上各種遊覽船，欣賞大阪港區的好風光。

 早
09:45 なんば駅
10:30 海遊館

 午
13:30 なにわ食いしんぼ横丁/午餐
14:30 天保山Market Place
15:15 天保山大観覧車
15:45 觀光船聖瑪麗亞號

晚
17:30 ATC
18:45 咲洲宇宙塔展望台
20:10 なんば駅

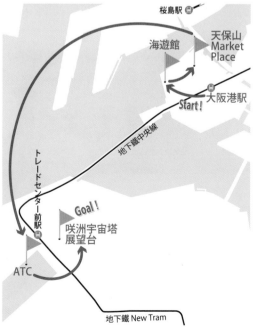

桜島駅
天保山 Market Place
海遊館
大阪港駅
Start !
地下鐵中央線
トレードセンター前駅
Goal !
咲洲宇宙塔展望台
ATC
地下鐵 New Tram

海風輕拂 盡享大阪港的悠閒與樂趣

Point!

大阪港區好玩好逛又好看，特別是傍晚時分，人人都忍不住沉醉在海上落日的美景。

Start！

09:45 ¥290 なんば駅 Osaka Metro

9:57搭Osaka Metro千日前線至「阿波座駅」轉乘中央線

電車 14分

10:16 大阪港駅 Osaka Metro

從2號出口出站

步行 9分

10:30

海遊館

停留時間 **3小時**

天保山海遊館於1990年開幕，堪稱世界最大的室內水族館，中央的大水族箱以太平洋為主題，蓄水量超過5400噸，最受遊客喜愛的就是悠游其中的巨大鯨鯊。館內展示太平洋以及環太平洋各個海域的洄游海洋生物，包括瀨戶內海、日本海溝、大堡礁等10個不同型態的海底風貌，豐富的生物世界讓人大飽眼福。

【地址】大阪市港區海岸通1-1-10 【時間】10:00~20:00(每日不一，詳見官網)，最後入館至閉館前1小時 【價格】高中以上¥2700，國中小¥1400，3歲以上¥700(每日不一，詳見官網) 【網址】www.kaiyukan.com

位於天保山購物中心2F

步行 3分

13:30

なにわ食いしんぼ横丁

停留時間 **45分**

為了演繹1970年舉辦萬國博覽會的繁榮大阪，なにわ食いしんぼ横丁以昭和年代的「元氣大阪」為主題，打造下町氣氛的空間，並請來最能代表大阪美食的許多老舖餐廳，包括自由軒的特色咖哩飯、北極星的蛋包飯，一次就能夠找到所有的大阪好料。

【地址】天保山Market Place 2F 【時間】11:00~20:00，依店舖而異 【休日】依店舖而異 【網址】www.kaiyukan.com/thv/marketplace/kuishinbo/

大阪

步行
2分

14:30

天保山Market Place

停留時間
30分

位於海遊館與摩天輪之間的購物中心，有美食餐廳與各式紀念品小店，整個商場的氣氛休閒而輕鬆，商場北側是欣賞大阪灣夕陽餘暉美景的好地方。每到假日，廣場還會有許多街頭藝人表演，更增添熱鬧氣氛。

地址 大阪市港區海岸通1-1-10　時間 購物、美食區11:00~20:00，餐廳~21:00(依季節而異，詳見官網)　休日 不定休(詳見官網)　網址 www.kaiyukan.com/thv/marketplace/

步行
2分

天保山大觀覽車

停留時間
20分

海遊館旁巨型的摩天輪映入眼簾，直徑100公尺，112.5公尺高，晴天時還可遠眺神戶一帶甚至更遠的明石海峽大橋與關西機場。到了夜晚，雖然從摩天輪內觀賞夜景可是一絕，摩天輪上投映的燈光還會隨著明日天氣變換顏色。

地址 天保山Market Place外　10:00~21:00，周末~22:00　價格 3歲以上¥900　網址 www.senyo.co.jp/tempozan/

15:15

順遊推薦

LEGOLAND Discovery Center 大阪

LEGOLAND分為2區，一區為樂高的賣店，另一區則為樂高遊樂園，園區內除了多個互動性遊樂設施外，還有4D劇院，最有特色的就是ミニランド區，使用100萬個以上的樂高拼出迷你版大阪街景與知名景點，相似度令人驚呼連連。

地址 天保山Market Place 3F　時間 10:00~18:00，依季節而異　價格 時間指定券當日¥2800、預售¥2200起，2歲以下免費　網址 osaka.legolanddiscoverycenter.jp　注意 現場無法購票，需先於官網購買；15歲以下小孩、16歲以上大人無法單獨入場，需親子同行

步行 5分

15:45

觀光船聖瑪麗亞號

停留時間 **1**小時

環繞大阪灣一圈的復古造型觀光船聖瑪麗亞號由海遊館出發，一路飽覽大阪灣風光。除了海天一色的美景，聖塔瑪麗亞號本身也很有看頭，依據美國哥倫布船艦兩倍大的規模來興建，底層還有個迷你的航海博物館，展出哥倫布相關資料。

¥190

地址 大阪市港區海岸通 海遊館西はとば **時間** 白天遊覽11:00~17:00(依季節而異，每小時一班)，黃昏遊覽僅於周末、假日航行，時間詳見官網 **價格** 白天遊覽國中以上¥1800、國小¥900；黃昏遊覽國中以上¥2300、國小¥1150 **網址** suijo-bus.osaka/language/santamaria/

17:15搭Osaka Metro中央線至「コスモスクエア駅」轉乘New Tram

電車 6分

トレードセンター前駅 Osaka Metro

17:22

步行 4分

從2號出口出站

ATC

17:30

停留時間 **1**小時

面積超過33萬5千平方公尺的ATC，集中了Outlet、購物中心MARE、保齡球場、電玩遊戲中心、家具雜貨的展示區、各種風味美食餐廳，還會不定期舉辦活動，現場也有小型音樂會。其中占了2層樓的MARE是專賣服飾、雜貨等進口精品的賣場，由於款式流行且價錢合理，十分受到年輕上班族群的青睞。

地址 大阪市住之江區南港北2-1-10 **時間** 購物11:00~20:00，餐廳~22:00 **休日** 依店舖而異 **網址** www.atc-co.com

步行 7分

18:45

咲洲宇宙塔展望台

停留時間 **45**分

宇宙塔展望台位於高達256公尺的大阪府咲洲庁舍頂層，從展望台可360度俯瞰大阪灣最壯麗的美景，遠眺關西機場、淡路島或明石海峽大橋，還有許多情人雅座，每天從傍晚就陸續吸引許多情侶來此談情賞夜景。

地址 大阪市住之江區南港北1-14-16 52~55F **時間** 11:00~22:00，入場至21:30 **休日** 週一(遇假日順延翌日休) **價格** 高中以上¥1000，國中小¥600 **網址** sakishima-observatory.com

19:32搭Osaka Metro南港ポートタウン線至「住之江公園駅」轉乘四橋線

¥290

電車 31分

なんば駅 Osaka Metro

20:10

Goal！

堺區古今風華一日輕旅行

🏷 刀刃　路面電車　茶道　薰香　夜景

搭上大阪僅存的路面電車——阪堺電氣軌道，沿途有許多特色在地小店，不但可以體驗最真實的原鄉風情，也能找到日本的老靈魂，不管是茶道、香道、刀刃工藝、和菓子等，每一樣都樸實又古典，不華麗卻深藏底蘊，細細品味不華麗卻最樸實動人的大阪庶民生活景象。

 早
- **08:30** 天王寺駅前駅
- **09:00** 住吉大社
- **10:30** 薰主堂

 午
- **11:30** 深清鮓/午餐
- **13:00** さかい利晶の杜
- **14:50** 菅原神社
- **15:30** 堺伝統産業会館

 晚
- **17:15** 堺市公所展望台
- **18:30** なんば駅

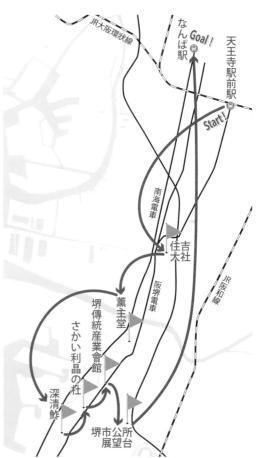

搭乘路面電車 穿越時空回到過去

Point! 堺區看似不起眼，卻藏有眾多純樸的老記憶，看膩市中心的繁華，不如來此尋寶探險吧！

Start！

08:30
¥230

天王寺駅前駅
阪堺電車

電車
15分

搭8:36發的阪堺電車至「住吉鳥居前駅」

09:00

住吉大社

停留時間 1小時

住吉大社建造於200多年前，住吉大神是保佑海上船隻交通平安的神明，大阪住吉大社是全日本住吉神社的總本宮，各個本宮及御本殿都採用日本神社建築史上最古老的特殊形式「住吉造」所建。紅色太鼓橋在水中的倒影形成一幅充滿魅力的風景，曾被文學名家川端康成喻為「反橋」。

地址 大阪市住吉區住吉2-9-89　時間 4~9月6:00~17:00，10~3月6:30~17:00　網址 www.sumiyoshitaisha.net

搭10:14發往浜寺的阪堺電車至「高須神社駅」

¥230
電車
7分

薰主堂

10:30

停留時間 20分

為了供應京都、奈良等地佛寺需要，大阪近郊的堺市成為日本線香的製造重鎮，甚至有「泉南佛國」美稱。在線香大量機械生產的現代，薰主堂仍保有手工製香的傳統工坊，香味馥郁自然且薰煙持久、不易碎斷，宛若香氣的藝術品。

地址 大阪府堺市堺區北半町西2-1　時間 9:30~17:30
休日 週日　網址 www.kunsyudou.jp

大阪

¥230

搭11:03發往浜寺的阪堺電車
至「御陵前駅」

電車
15分

深清鮓

11:30

停留時間
1小時

老舗壽司創業於1948年，是間只能外帶的壽司店，名物為鰻魚壽司。除了用蒸的穴子にぎり鰻魚，也有用烤的穴子箱鰻魚，料理方式不同，但同樣美味不打折，鰻魚上塗上一層甜鹹的醬料，讓視覺與味覺都大大加分。

地址 大阪府堺市堺區出島町1-1-22 時間 9:30~17:00，售完為止 休日 週一、二 價格 穴子にぎり¥1069

¥230

電車
5分

搭12:41發往天王寺駅前的阪堺電車
至「宿院駅」

停留時間
1.5小時

さかい利晶の杜

13:00

さかい利晶の杜兩大常設展千利休茶の湯館與与謝野晶子記念館，正是介紹堺兩大名人茶道千家始祖千利休與詩人与謝野晶子的展覽館，有多種不同的體驗可預約，可以享用抹茶和和菓子，每日由不同的茶道流派來服務。

地址 大阪府堺市堺區宿院町西2-1-1 時間 9:00~18:00(入館至17:30)，茶の湯体験10:00~17:00 休日 第3個週二(遇假日順延翌日休)、年末年始 價格 門票大學以上¥300、高中¥200，體驗費用另計 網址 www.sakai-rishonomori.com

順遊推薦

丸市菓子舖

明治28年創業，名物「斗々屋茶碗」再現千利休的名碗「斗々屋」，在平成14年全國菓子博覽會榮獲最高榮譽的總裁賞，內館為丹波大納言紅豆泥與柚子泥，溫潤的紅豆泥與微酸甜的柚子泥組合意外的搭。

地址 大阪府堺市堺區市之町東1-2-26 時間 9:00~18:00 網址 www.maruichikashiho.com

步行 13分

14:50

菅原神社

停留時間 30分

長德3年(西元997年)便已創立的菅原神社,主要祭拜的是學問之神菅原道真。不同於太宰府,菅原神社還祭拜南大阪第一的えべっさん,據說1664年在戎島町附近浮起一座島,島上發現了一座石像,人們便建造堺戎神社來祭祠石像,於1951年遷入菅原神社。

地址 大阪府堺市堺區戎之町東2-1-38 **時間** 6:30~17:00 **網址** www.sakaitenjin.or.jp

步行 7分

堺伝統産業会館

15:30

停留時間 1.5小時

堺市的刀刃是最著名的特色工藝,為了推廣傳統產業,刀刃聯合會所建造了堺傳統產業會館,裡面除了展示各種堺市的傳統工藝,2樓還有刀刃博物館,可以親眼看到一把好刀的製作過程,也能買到職人所打造的名刀。

地址 大阪府堺市堺區材木町西1-1-30 **時間** 10:00~17:00 **休日** 週二 **網址** www.sakaidensan.jp

¥230

巴士 3分

17:04於「花田口」站搭堺東住之江線巴士至「堺市役所前」站

堺市公所展望台

17:15

停留時間 45分

想要看免費的夜景,來這兒就對了。高80公尺的展望台有著360度無死角的迴廊,可以將堺市的繁華景色與仁德天皇古墳等歷史景觀盡收眼底。一旁還設有咖啡廳,可以坐下來邊喝咖啡邊欣賞美景。

地址 大阪府堺市堺區南瓦町3-1 **時間** 9:00~21:00 **價格** 自由參觀 **網址** www.sakai-tcb.or.jp/spot/detail/73

步行 6分

堺東駅 南海電鐵

18:10

¥290

搭18:18發往なんば的南海電鐵

電車 12分

なんば駅 南海電鐵

18:30

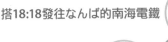
Goal !

萬博紀念公園一日悠閒漫步

 萬博紀念公園　太陽之塔　世界博覽會　賞櫻名所　購物中心

万博記念公園現今是大阪著名的三大賞櫻名所之一，其前身為1970年日本所舉辦的萬國博覽會(簡稱大阪万博、EXPO '70)舊址，會場占地330公頃，由日本建築師丹下健三設計，當時的主題是「人類的進步和協調」，總計有77個國家、4個國際組織參加，進場人數多達6421萬8770人次。

早
09:00 梅田駅
09:50 太陽の塔
11:00 お祭り広場
11:30 遠見の丘

午
12:15 日本庭園
13:20 EXPO'70パビリオン
14:30 NIFREL
15:45 LaLaport EXPOCITY

晚
18:09 梅田駅

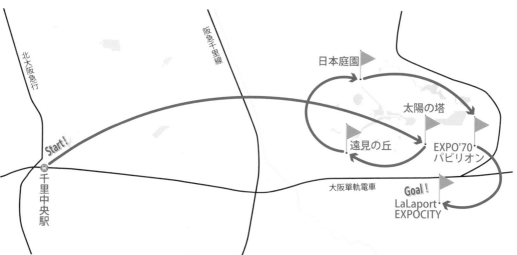

走進廣大會場舊址
追溯1970年的輝煌時刻

Point! 園區占地寬廣，走走停停繞一圈大概要2~3小時，想省時可以選擇搭乘園區火車！

万博記念公園

地址 大阪府吹田市千里万博公園1-1
時間 9:30~17:00(入園至16:30)
休日 週三(遇假日順延翌日休，4/1~黃金週和10~11月無休)、年末年始 **網址**
www.expo70-park.jp

Start！

09:00 梅田駅 Osaka Metro
¥380
電車 20分 搭9:06發往箕面萱野的Osaka Metro御堂筋線

09:26 千里中央駅 大阪單軌電車
¥250
電車 6分 搭9:31發往門真市的大阪單軌電車

09:37 万博記念公園駅 大阪單軌電車
步行 7分

太陽の塔

停留時間 1小時

09:50

太陽の塔是萬國博覽會的地標，由藝術家岡本太郎設計匠心建造，宛如守護神般地矗立在園區內。太陽の塔有三個太陽臉，分別為位在正面腹部，代表現在的「太陽の顔」，與位於頂端，代表未來的「黃金の顔」，以及位在背後，代表過去的「黑い太陽」，在萬博展覽期間還有個地底太陽，不過現已拆除了。

時間 10:00~17:00 **價格** 太陽の塔入館·自然文化園·日本庭園共通券高中以上¥930，國中小¥380；太陽の塔入館高中以上¥720，國中小¥310 **網址** taiyounotou-expo70.jp/tc/ **注意** 入館需事先預約，最晚於前一日前上網預約，需於預約時間前20分鐘到太陽の塔的受理窗口報到

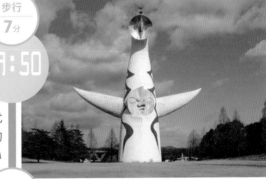

步行 5分

お祭り広場

11:00

停留時間 15分

萬博當時太陽の塔是被日本建築師丹下健三所設計的大

片玻璃製屋頂所包圍，萬博結束後於1979年被拆除，現今只保存一部分的大屋頂以茲紀念，近距離觀察粗壯的屋頂支架，讓人不禁肅然起敬。

大阪

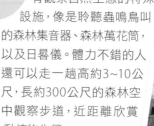

步行 15分

11:30

遠見の丘

停留時間 30分

木棧建築的五層高瞭望台上有觀察自然生態的特殊設施，像是聆聽蟲鳴鳥叫的森林集音器、森林萬花筒，以及日晷儀。體力不錯的人還可以走一趟高約3~10公尺，長約300公尺的森林空中觀察步道，近距離欣賞動植物生態。

爬到最上層，園內風光盡收眼底，還可以看到太陽の塔！

步行 15分

日本庭園

12:15

停留時間 45分

日本庭園區將日本造園技術發揮得淋漓盡致，沿著西向東流的潺潺流水，可以欣賞到古代到現代的4種造園變遷，也象徵人類不斷在進步中。悠閒漫步在閒靜雅緻的步道，遠離塵囂，獨享片刻與大自然的對話時光，令人不捨離開。

價格 自然文化園・日本庭園共通券高中以上¥260，國中小¥80

步行 15分

EXPO'70パビリオン

13:20

停留時間 1小時

EXPO'70パビリオン由當年萬國博覽會的鋼鐵館舊址改建而成，1樓分別是舊鋼鐵館展示的作品區和放映室「多目的室」，2樓為圓形迴廊的常設展展覽室，14小區的主題，以熱情如火的正紅色為基底背景貫穿全展場，彷彿走入時光隧道，重回現場體驗當時風光熱鬧的盛會。

時間 10:00~17:00(入館至16:30) **價格** 高中以上¥500 **網址** www.expo70-park.jp/facility/watchlearn/other-07/

14:30

NIFREL

停留時間
1小時

海遊館製作出品的NIFREL，超越水族館、動物園、美術館舊有刻板印象的設計，誕生出全新型態結合藝術的生物館，透過空間、照明、影像、音樂傳達的空間展示區，與生物接觸產生的共鳴，喚醒深層的感動與驚奇。

地址 Entertainment Zone(エンタメゾーン)1F
時間 10:00~18:00，依季節而異(詳見官網) **價格**
16歲以上￥2200，國中小￥1100，3歲以上￥650
網址 www.nifrel.jp/index.html

LaLaport EXPOCITY

停留時間
1.5小時

15:45

3層樓進駐三百多家店舖的購物中心LaLaport
EXPOCITY，其中有47家店舖是初次在關西地區展店，品牌以新型態店舖方式設櫃。獨立的美食街EXPO KITCHEN集結16間餐廳，提供各式料理任君選擇。

地址 EXPOCITY內 **時間** 購物、餐廳10:00~
20:00(週末、假日~21:00)，1、2F EXPO
KITCHEN11:00~21:00(週末、假日~22:00) **網址**
mitsui-shopping-park.com/lalaport/expocity/

大阪

順遊推薦

ANIPO

戶外小型遊樂園，提供小小朋友歡笑的園地，每個設施皆須先至購票機購票才能入場，遊樂設施共有4項：空中飛翔腳踏車、魔法水槍、小火車、空中城堡跳跳床，全部設施都走迷你版路線，小巧又不失樂趣。

地址 Entertainment Zone 1F **時間**
10:00~20:00(售票至19:50) **價格** 空中飛翔腳踏車、魔法水槍、空中城堡跳跳床
￥400，小火車￥300

17:30 万博記念公園駅
￥250 大阪單軌電車

電車
4分
搭17:35發往千里中央的大阪單軌電車

17:39 千里中央駅
￥380 大阪單軌電車

電車
20分
搭17:49發往なかもず的北大阪急行線

18:09 梅田駅
Osaka Metro

Goal !

157

大阪市郊一日健行

箕面　池田　自製杯麵　紅葉天婦羅　山區公園

誰說大阪只有五光十射的鬧區百貨、都會公園、國民美食與瘋狂購物呢？搭乘阪急電車，探訪在地特色店家、杯麵博物館、漫步山林間，感受從過往保留至今的歷史與文化，展開寧靜又夢幻的大阪市郊之旅。

 早
09:00 大阪梅田駅
09:30 杯麵博物館

 午
11:30 吾妻/午餐
12:45 五月山公園
15:00 箕面公園
15:15 瀧安寺
17:15 一の橋

 晚
18:15 大阪梅田駅

跳脫熙熙攘攘的觀光名勝地
愜意享受市郊的悠閒

如果市區已經逛膩，不如來到大阪郊區遨遊於自然之間吧！

Start！

09:00

🚉 大阪梅田駅
阪急電車

¥280

電車 **19**分

搭9:00發往寶塚的阪急寶塚線

🚌 池田駅
阪急電車

09:24

從東口出站順著指標走

步行 **5**分

09:30

杯麵博物館

停留時間 **1.5**小時

發明泡麵的人，正是日本最大食品公司日清食品的創辦人——安藤百福。杯麵博物館中可以認識泡麵的發展，了解有關泡麵的故事與歷史，最特別的是可以付費體驗製作屬於自己味道、獨一無二的泡麵，充滿體驗樂趣。

地址 大阪府池田市滿壽美町8-25　**時間** 9:30~16:30(入場至15:30)　**休日** 週二(遇假日順延翌日休)、年末年始　**網址** www.cupnoodles-museum.jp/ja/osaka_ikeda/

步行 **15**分

11:30

吾妻

停留時間 **1**小時

元治元年(西元1864年)創業，招牌烏龍麵由知名作家谷崎潤一郎的妻子依據她先生谷崎潤一郎的小說《細雪》所命名而來，大阪式的細絲烏龍麵，搭配上魚板、炸油豆腐、搗碎的白芝麻、山芹菜、鹽昆布、生薑、柚子皮，豐盛的配料令人食指大動。

地址 大阪府池田市西本町6-17　**時間** 10:30~16:00(L.O.15:30)　**休日** 週二(遇假日順延翌日休)、不定休　**網址** azumaudon.wixsite.com/ikeda/home

步行
10分

12:45

五月山公園

五月山公園被列入大阪綠地百選之一，春天賞櫻，秋天賞楓，宛如市民自家的後花園。園內也附設各式各樣的設施，動物園、登山步道、都市綠化植物園、兒童文化中心、高爾夫球場、綠色中心等等，一次滿足一家大小的娛樂需求。

地址 大阪府池田市綾羽2-5

順遊推薦

池田城跡公園

池田城跡公園位於丘陵地上，是室町到戰國時代統治池田、箕面一帶的地方豪族池田家的城堡遺跡。從東門進入園內，映入眼簾的是武士風平房建築的管理處，再往前有間小茶室，和回遊式的日式庭園，以及井戶、枯山水、虎口(舊時城堡出入口)、排水溝城跡等等。

地址 大阪府池田市城山町3-46 時間 9:00~19:00，11~3月~17:00 休日 週二(週假日順延翌日休)、年末年始12/29~1/1

順遊推薦

逸翁美術館

館名以阪急電鐵創始人小林一三(1873~1957)的筆名「逸翁」來命名，館內收藏達5500件，有古書、畫卷、茶器具和陶瓷器等，其中關於蕪村、吳春、円山四条派的繪畫作品特別有名，許多收藏品也被列入日本的重要文化財。

地址 大阪府池田市栄本町12-27 時間 10:00~17:00(入館至16:30) 休日 展覽期間的週一(週假日順延日休) 價格 成人¥700，高中以上學生¥500 網址 www.hankyu-bunka.or.jp/itsuo-museum/

電車
8分

搭14:35發往大阪梅田的阪急寶塚線至「石橋阪大前駅」，轉乘14:40發的箕面線

箕面駅
阪急電車

14:46

步行
7分

往北直行即達公園入口

15:00

箕面公園

停留時間
2小時

箕面公園說是公園，但其實包含了整個山區，沿著中央的箕面川向前步行約50分鐘就會到達箕面瀑布，沿途還有櫻廣場、開山堂寺廟、昆蟲館、唐人戾岩等景點。瀑布水位落差33公尺，夏季滿水期聲勢浩大，秋季伴隨紅葉則十分美麗。

地址 大阪府箕面市箕面公園　網址 www.mino-park.jp

位於箕面公園內前往箕面瀑布的途中

步行
10分

瀧安寺

15:15

停留時間
15分

西元650年創建的瀧安寺是山岳信仰的修行道場之一，自古以來就有來自全國各地的修行者在這裡修行，境內還有役行者的石像，留下許多山岳信仰的神奇傳說。本堂的弁財天可以祈求財運，許多商人都不遠千里前來祈求福氣，據說這可是日本第一座財神廟。

地址 大阪府箕面市箕面公園2-23　時間 10:00~16:00　網址 www.ryuanji.org

大阪

從公園入口往南即達

步行
2分

一の橋

17:15

停留時間
15分

一の橋是創業100多年的老店舖，店內販售的箕面名物紅葉天婦羅已經有1300年歷史呢！此外店裡也有販售紅葉饅頭、猴子仙貝，以及印著箕面吉祥物滝ノ道ゆずる的仙貝，很適合當伴手禮！

地址 大阪府箕面市箕面1-5-1　時間 9:00~ 17:30

搭17:47發的阪急箕面線至「石橋阪大前駅」，轉乘17:58發往大阪梅田的寶塚線

¥780

電車
24分

大阪
梅田駅
阪急電車

18:15

Goal !

神戶排行程 入門指南

兵庫縣最為人所知的神戶市位於大阪灣沿岸，是日本最早對外開放的港口之一，展現明亮開放及國際化的氣氛，散發與京都、大阪截然不同的風情。從神戶延伸到整個兵庫縣，範圍涵蓋日本國寶姬路城、六甲山、城崎溫泉、掬星台「百萬夜景」等知名觀光勝景，會讓你看見不同風貌的日本之美。

Q 我到神戶觀光要留幾天才夠？

Q 天氣跟台灣差很多嗎？

Q 什麼季節去最美？

A 來到神戶自然不能錯過北野異人館、神戶港、有馬溫泉以及六甲山，而距離較遠的明石海峽大橋、姬路、城崎溫泉也是各自散發不同魅力，建議可以安排2~3天以上的行程，才能充分感受神戶的多彩多姿。

A 神戶屬於海洋性氣候，春秋季可能忽冷忽熱，建議搭配洋蔥式穿搭。6、7月進入梅雨季，出遊要記得攜帶雨具。夏季因有海洋調節，會比京阪稍微涼爽一些些，但仍要多補充水分與防曬，避免中暑。兵庫的冬季偏冷，特別是夜晚和山區，一定要注意保暖。

A 3月底迎來櫻花季，姬路城、城崎溫泉和有馬溫泉都是知名的賞櫻景點，秋季各處古剎中的楓樹轉紅，而世界最大的鳴門海峽漩渦在秋季變得更大，是最佳觀賞時機！冬季來到兵庫千萬別錯過神戶的Luminarie光之盛典，壯觀又華麗的點燈作品是為了追悼阪神大地震，閃耀的光芒傳遞著祈福、溫暖與堅強。

神戶

有了基本認識後，現在，就來打造最適合自己的旅遊行程吧！

163

從關西機場要怎麼進入神戶？

兵庫縣的首府就在神戶，神戶市集結眾多鐵路交通方便，是往來兵庫各景點的最佳選擇，雖然從關西機場沒有電車直達神戶，但利用利木津巴士與神戶高速船Bay Shuttle，仍然可以便利又快速抵達神戶。

利木津巴士

從關西機場前往兵庫不建議搭乘鐵路，因為轉車次數很多，搬運行李費力又費時，直達目的地的利木津巴士反而方便許多，從關西機場入境大廳走出就可以搭乘。

Bay Shuttle

從關西機場第一航廈12號巴士站搭乘免費接駁巴士至關西機場海港棧橋，搭乘Bay Shuttle僅需30分即可抵達神戶機場，從神戶機場再搭乘神戶Port Liner，約18分鐘即可抵達最熱鬧的神戶三宮地區。

路線名	目的地	時間	價格
Bay Shuttle	神戶機場	約30分	¥1880

*目前持短期停留簽證的外國旅客可用¥500優惠價購票。

一航站牌	二航站牌	目的地	時間	價格
6	4	神戶三宮	約65分	¥2200
6	4	姬路	約140分	¥3700

有什麼優惠車票適合我？

	HARUKA單程車票 HARUKA One-way Ticket	神戶高速船外國旅客優惠券 Bay Shuttle Foreign Tourist Ticket	JR關西廣域鐵路周遊券 JR Kansai WIDE Area Pass
使用區間	関西空港往返大阪、神戶、京都、奈良地區的JR電車單程票	関西空港～神戶空港的神戶高速船Bay Shuttle單程票	山陽新幹線：新大阪～岡山 JR西日本鐵路：指定區間 丹後鐵道全線 和歌山電鐵全線 智頭急行：上郡～智頭 西日本JR巴士：京都市內、若江線 Ekirin Kun自行車租借：指定區域內
價格	關西機場～神戶¥2000 ※6-11歲兒童半價	¥500	¥12000 ※6-11歲兒童半價
有效時間	1日	1日	連續5日
使用需知	·JR普通、快速、新快速列車皆可搭乘，特急列車則僅可搭乘Haruka。 ·可至綠色售票機或綠色窗口使用票券免費指定Haruka座位一次。 ·可於指定區間的任何JR車站下車，出站車票即失效。	·從關西機場前往乘船，須先至第一航廈12號巴士站搭乘免費接駁巴士，到關西機場港口碼頭即可搭船。 ·除了現場購票，也能事前線上預訂取得QR Code電子票證。如有線上預先註冊人臉辨識，乘船當日也能直接使用人臉辨識系統登船。	·可免費、不限次數於綠色售票機或綠色窗口預約指定席，但第七次起只能於綠色窗口預約。 ·若是於官網訂購票券，可自乘車時間1個月前於官網預約座位。 ·若想搭乘1等車廂或A-Seat車廂，則需另購票券。 ·自行車租借限12歲以上可使用，限當日借還。
售票處	於台灣代理店或JR西日本官網預訂，到日本後，至指定車站綠色售票機或觀光服務處兌換。	關西國際機場第1航廈1樓售票櫃台、第2航廈售票櫃台及神戶售票櫃台。	於台灣代理店或JR西日本官網預訂，到日本後，至指定車站綠色售票機或觀光服務處兌換。
官網			
購買身分	持短期停留簽證的外國旅客，兌換票券需出示護照。	持短期停留簽證的外國旅客，購票需出示護照。	持短期停留簽證的外國旅客，兌換票券需出示護照。

神戶

	JR關西地區鐵路周遊券 Kansai Area Pass	關西鐵路卡 KANSAI RAILWAY PASS	阪急阪神一日券 阪急阪神1dayパス
使用區間	西日本JR電車：京都、大阪、神戶、姬路、奈良、滋賀指定區間 西日本JR巴士：京都市內路線 京都市營地鐵全線（僅一日） 京阪電車：石清水八幡宮〜出町柳站、宇治線、石清水八幡宮參道纜車（僅一日） 阪急電車：京都線（僅一日）	京都、大阪、神戶、比叡山、姬路、和歌山、奈良、高野山的私鐵電車與地鐵，除了近鐵有指定區間，其餘皆為全線可搭乘	阪急電車全線 阪神電車全線 神戶高速線全線
價格	1日¥2800 2日¥4800 3日¥5800 4日¥7000 ※6-11歲兒童半價	2日¥5600 3日¥7000 ※6-11歲兒童半價	¥1600 無兒童票
有效時間	連續1~4日	任選2~3日	1日
使用需知	·周遊券內含JR周遊券一張，以及以下三張票券的兌換券：京阪電車-京都觀光一日券、京都市營地鐵一日券、阪急電車京都線一日券。 ·兌換券須在周遊券有效期間內，至指定地點兌換後才可使用。 ·JR普通、快速、新快速列車皆可搭乘，特急列車僅可搭乘HARUKA，可免費指定HARUKA座位2次。 ·不含指定席、特急券，若要搭乘需另外購票。	·為磁卡票券，刷票走一般閘口即可。 ·部分車站沒有適用的自動剪票機，每日初次乘車前請用油性黑筆填寫票券背面的「利用月日」，並出示票券背面給站務人員看。 ·只能搭乘自由座。若要搭乘指定席，需另外購買指定席券。 ·出示票券可享有關西地區將近200處景點、店家的優惠折扣。	·每年4/1~隔年3/31購買的票券使用期限至隔年3/31前。
售票處	於台灣代理店或JR西日本官網預訂，到日本後，至指定車站綠色售票機或觀光服務處兌換。	可以在台灣代理店內購買，至日本後再持券換車票。也可以抵達日本後直接購買。 主要購票地點：關西國際機場和京都的關西旅遊資訊服務中心、Osaka Metro難波/天王寺/梅田各站定期券售票處、京都站前公車綜合服務處。	主要售票地點：阪急電車各站（除天神橋筋六丁目站）、阪急京都觀光案內所·河原町/烏丸、阪神電車各站、神戶高速線各站（除西代、湊川站）
官網			
購買身分	持短期停留簽證的外國旅客，兌換票券需出示護照。	持短期停留簽證的外國旅客，兌換票券需出示護照。	無限制

阪神·山陽海岸線一日券 阪神·山陽 シーサイド 1dayチケット	三宮·姬路一日券 三宮·姬路1day チケット	有馬·六甲周遊一日券 有馬·六甲周遊1dayパス	神戸街區遊覽一日優惠券 神戸街めぐり1DAY クーポン
山陽電車全線 阪神電車全線	山陽電車全線 神戸高速線全線 須磨浦纜車往返一次 爬坡軌道車往返一次	基本版路線包含從阪急 神戸三宮站～有馬溫泉～ 六甲山～阪急六甲站的完 整一圈路線，涵蓋多種交 通工具。 另有發行不同版本的擴大 版票券，增加各家鐵路前 往有馬、六甲地區的路線。	神戸新交通Port Liner全線 神戸高速線 神戸市營地鐵：西神·山手 線（新神戸～新長田）、海 岸線全線 另有發行不同版本的擴大 版票券，增加各家鐵路前 往神戸的路線。
¥2400 無兒童票	¥1600 無兒童票	基本版¥2400 阪急版一日券¥2600 二日券¥3100 阪神版¥2500 神鐵版2600 山陽明石以東版¥2800 山陽全線版¥3100 無兒童票	神戸版¥1000 阪神版¥1650 阪急版¥1800 大阪出發近鐵阪¥2200 奈良出發近鐵版¥2600 山陽明石以東版¥1500 山陽全線版¥2100 北神神鐵版¥1680 神鐵版¥1750 無兒童票
1日	1日	1日(僅阪急版二日券為連 續2日)	1日
·每年4/1~隔年3/31購 買的票券使用期限至 隔年4/30前。	·每年4/1~隔年3/31購 買的票券使用期限至隔 年4/30前。 ·出示票券使用神戸港 遊覽船CONCERTO「一 杯飲品方案（ワンドリン ククルーズ）」時，可用優 惠價¥1000搭乘。	·票券包含一張泡湯抵 用券，可免費使用「金之 湯」、「銀之湯」擇一。 ·出示票券另享有馬、六 甲地區各設施、店家的優 惠折扣。	·每年4/1~隔年3/31購買 的票券使用期限至隔年 3/31前。 ·票券包含價值¥800的 設施折扣券，僅限擇一設 施、使用一次、一人使用， 若設施價格不足¥800不 會退費，也無法與其他設 施合併使用；若設施超出 ¥800則可以補差額。 ·出示票券另享沿線各設 施、店家的優惠折扣。
主要售票地點：山陽電 車山陽須磨、山陽垂 水、山陽　路、山陽網 干各站；明石站案內中 心；阪神電車的大阪梅 田、尼崎、甲子園、神戸 三宮、新開地各站站長 室或改札口、大阪難波 站的東特急券賣場。	主要售票地點：山陽電 車西代、山陽須磨、山陽 垂水、山陽明石、山陽 路、山陽網干各站；阪神 電車的神戸三宮、新開 地站的駅長室；明石站 案內中心、阪神電車神 戸三宮站服務中心、THE KOBE CRUISE售票處。	基本版售票地點：神戸電 鐵谷上站、有馬溫泉站、 阪急電車神戸三宮案內 櫃、六甲站；神戸市營地 鐵三宮站、新神戸站。	神戸空港站、神戸新交通 三宮站。
無限制	無限制	無限制	無限制

兵庫的・・・東西南北馬上看懂

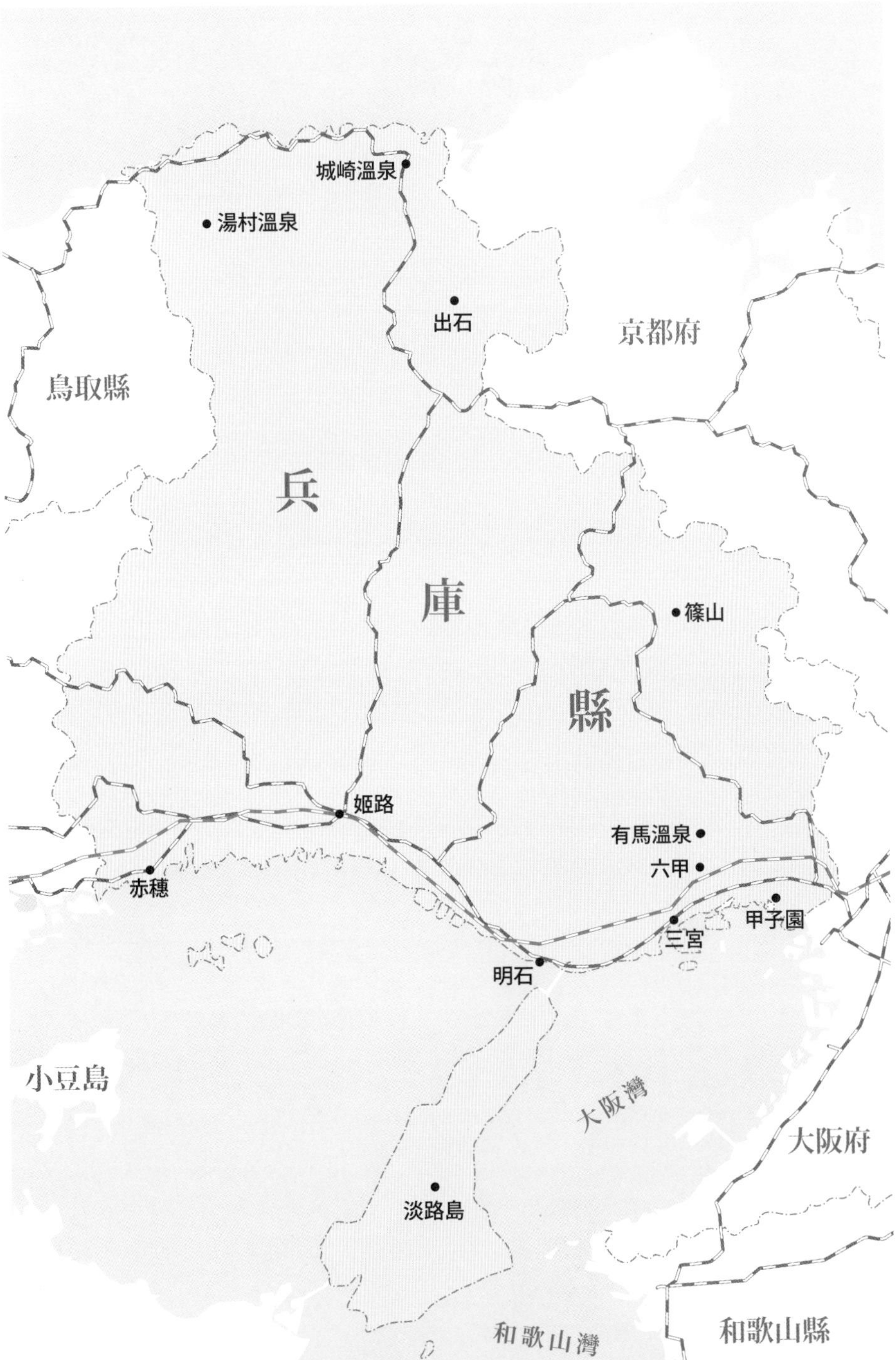

城崎溫泉

湯村溫泉

出石

京都府

鳥取縣

兵

庫

縣

篠山

姬路

有馬溫泉

六甲

赤穗

三宮

甲子園

明石

小豆島

大阪灣

大阪府

淡路島

和歌山灣

和歌山縣

我要住哪一區最方便？

Point! 觀光景點分散，針對想去的地方選住宿地就沒錯！

❶三宮：

三宮是神戶最熱鬧的街區，JR、阪神、阪急、市營地下鐵等重要電車路線都在這交會，以此為中心，無論前往兵庫各景點、大阪、京都都方便，百貨購物商場聚集，距離神戶港也近，美食和娛樂都相當豐富。

❷有馬溫泉：

從神戶當日往返有馬溫泉雖然算方便，但如果想串聯六甲山一次玩到，還是建議在有馬溫泉住一晚，悠閒泡湯，享受觀光客散去後的舒適氣氛。

❸淡路島：

淡路島位在兵庫縣與四國的中間，也是四國通往本州的陸路必經之地，不過島上沒有鐵路，主要是靠公路連結，如果沒有自駕就只能靠巴士前往。雖然稱為島，但其實面積並不小，想好好遊覽的話建議住一晚。

❹姬路：

從神戶三宮前往姬路若搭乘JR只要約1小時，姬路市是以姬路城為整個城市的中心，向四方發展而成，如果想更深入了解姬路，可以在這裡住一晚，隔天到位於西邊的赤穗，一探忠臣藏故事背景地，沉浸在歷史中，感受不同氛圍的兵庫。

❺城崎溫泉：

喜歡泡湯的人絕對不能錯過城崎溫泉！溫泉街上垂柳成蔭、輕煙裊裊，身著浴衣踩著木屐漫步其中，穿梭於一個又一個溫泉之間，讓人捨不得離去，不泡個一晚怎麼能滿足！

神戶街區一日滿喫

🏷 北野異人館　神戶牛　三宮商店街　南京町　香草園

神戶的北野異人館區擁有許多歐式風格的歷史洋館，見證了明治時代神戶開港後的國際交流；三宮區則是神戶的商業心臟，擁有眾多百貨公司與餐廳，是年輕人和遊客的聚集地；沿著三宮商店街一直走便可抵達元町商店街，街上可見各式老字號店鋪和美食，南邊的南京町則充滿唐人街風情，每年農曆新年都會舉辦盛大活動。

 早
09:30 三宮駅
10:00 布引香草園

 午
12:15 ラインの館
13:00 風見鶏の館
13:40 北野天満神社
14:30 欧風料理もん
15:15 三宮中心商店街
16:30 森谷商店

 晚
17:00 南京町／晚餐
18:23 三ノ宮駅

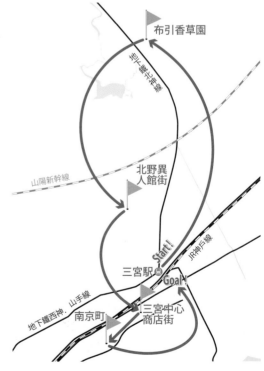

徜徉歐風街道
從異人館到元町的浪漫篇章

Point!

異人館區都是坡道與階梯，建議挑選一雙好走的鞋子前往！

Start！

09:30 ¥210

三宮駅 神戶市營地鐵

電車 2分

搭9:33發往新神戶的神戶市營地鐵西神‧山手線

新神戶駅 神戶市營地鐵

09:35

步行 10分

由南口出站，步行10分可至山腳的纜車搭乘處

10:00

布引香草園

停留時間
2小時

園內擁有150種、75000株西洋香草遍植在山坡上或溫室內。從新神戶駅搭乘神戶布引纜車只要10分鐘，就可以徜徉在花草香中呼吸大自然的芬芳，還能眺望山下的神戶市景與海岸！不妨放慢腳步，在花園散散心、享用天然香草調味的美食。

地址 神戶市中央區北野町1-4-3 時間 10:00~17:00，7/20~8/31至20:30 休日 冬季3週，天候不佳、纜車檢修日 價格 入園費用含纜車往返：高中以上¥2000，國中小¥1000；17:00後高中以上¥1500，國中小¥950 網址 www.kobeherb.com

步行 10分

ラインの館

停留時間
30分

12:15

建造於1915年的萊茵館是一棟溫暖黃色系的木造建築，為明治時代最受歡迎的樣式。如今1樓作為休息室並販賣神戶特產，2樓則為展示室，展出阪神大地震的相關資料，並免費開放遊客參觀昔日的異人生活。

地址 神戶市中央區北野町2-10-24 時間 9:00~18:00(入館至17:45) 休日 2、6月第3個週四(遇假日順延翌日休) 價格 自由參觀 網址 kobe-kazamidori.com/rhine/

神戶

步行
3分

風見鶏の館

13:00

停留時間
30分

這棟紅磚建築是1909年德國的貿易商湯瑪斯建造的家，除了尖尖屋頂上的風見雞之外，有著龍椅與八角窗的書房、客廳、臥室、餐廳等，都有著濃濃19世紀風味，值得一看。當年住在兒童房的湯瑪斯先生的女兒，長大後還曾前來參觀，當時留影紀念照片就展示在館內。

時間 9:00~18:00(入館至17:45) 休日 2月、6月的第一個週二(遇假日順延翌日休) 價格 大人¥500；2館券(萌黃の館・風見鶏の館)¥650 網址 www.kobe-kazamidori.com 注意 2023年10月~2025年春季因防震工程休館中，暫不開放

風見鶏の館屋頂上的風向雞幾乎已成了北野異人館的象徵。

步行
2分

北野天満神社

停留時間
30分

13:40

「北野」地區名稱便是源自北野天満神社。北野天満神社祭祀學問之神菅原道真，對於合格、必勝祈願十分靈驗。莊嚴的神社氛圍與異人館的西洋風情大不相同，神社旁的高台視野遼闊，向下遠眺能將神戶港口的風景盡收眼底，更可以看到風見鶏の館的屋頂，是在地人才知道的觀景名所。

電話 078-221-2139 地址 神戶市中央區北野町3-12-1 時間 7:30~17:00 價格 自由參拜 網址 www.kobe-kitano.net

往南走向
三宮駅方向

步行
16分

欧風料理もん

14:30

停留時間
30分

創業於1936年的歐風料理もん，位在熱鬧的三宮街區，據説店名「もん(門)」借鑑神戶港通向國際的精神，期盼以異國料理開啟日本人通向各國美食文化的另一道門。店內神戶牛排餐份量十足，牛排三明治更是遠近馳名，許多旅客甚至外帶作為伴手禮呢！

地址 神戶市中央區北長狹通2-12-12 時間 11:00~20:45 休日 週一 價格 名物トンカツ(豬排)¥1820

三宮中心商店街

15:15

停留時間
1小時

緊鄰三宮車站的三宮中心商店街，絕對是神戶地區最熱鬧的商店街。便利貼心的遮雨棚下，不論艷陽或風雨都能購物到盡興，舉凡服飾、配件、文具、書籍通通都有，平行的2丁目也同樣有許多專門店，琳瑯滿目、應有盡有。

地址 神戶市中央區三宮町1~3丁目 時間 依店舖而異 網址 www.kobe-sc.jp

Tips 從三宮商店街可以一路往西逛到元町地區，再沿著元町商店街向西走便能直直通到神戶車站。

步行
6分

停留時間
15分

森谷商店 元町本店

16:30

創業於明治6年(西元1873年)的森谷商店，無疑是神戶在地最自豪的神戶牛百年老店，加入了正宗神戶牛肉製作的可樂餅和炸肉餅讓饕客在看似不起眼的店門前爭相排隊，一心想品嘗神戶牛那新鮮現炸的美味。

地址 神戶市中央區元町通1-7-2 時間 肉舖10:00~20:00，炸物10:30~19:30 價格 ミンチカツ(炸肉餅)￥170，コロッケ(可樂餅)￥110 網址 moriya-kobe.co.jp

步行
4分

南京町

17:00

停留時間
1小時

神戶

南京町就是神戶的中華街，如同香港縮影，以紅金兩色為基調的建築物，加上醒目的牌樓長安門，豐盛的中式菜單，讓華語觀光客倍感親切。除了大排長龍的廣東料理，人聲鼎沸的港式小吃攤也是絕佳的選擇！

網址 www.nankinmachi.or.jp

步行
4分

元町駅
JR線

18:15
￥140

電車
2分

搭18:21發往米原的JR線

18:23

三ノ宮駅
JR線

Goal !

舊居留地一日散策

🏷️ 舊居留地　水族館　巧克力博物館　文藝復興　歐風建築

矗立在神戶大丸百貨周邊一系列文藝復興風格的歐式建築，是100多年前神戶開港時所建的街道，當時作為外國人居住地的舊建築物和紀念碑被保存下來，成為今日的「舊居留地」。如今精品名牌店、露天咖啡座紛紛進駐，街道也更加寬敞整潔舒適，在懷舊街道眺望神戶的港町暮色，彷彿置身歐洲一般。

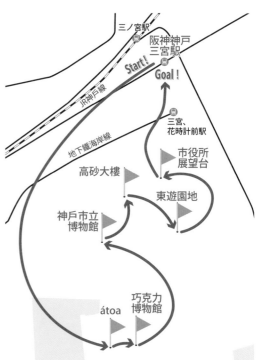

 早

09:30 神戶三宮駅
10:00 átoa

 午

12:30 巧克力博物館
13:30 神戶市立博物館
14:30 TOOTH TOOTH maison 15th
15:40 高砂大樓
16:15 東遊園地
16:45 慰靈復興紀念館

晚

17:15 市役所展望台
18:15 神戶三宮駅

展開時光之旅
聆聽歷史建築與現代風情的對話

Point! 出發前不妨補充一些神戶的歷史知識，能讓旅程看得更有深度！

Start！

09:30 神戶三宮駅 阪神電車

¥210

巴士 **7**分 9:38從「三宮駅前」站搭乘神姬巴士

09:45 新港町 神姬巴士

步行 **2**分

átoa

10:00

átoa水族館名稱為Aquarium to Art的簡寫，設計絢麗的內部空間，強調將藝術和水族館做新型結合，館內展區豐富精彩，魚類、無脊椎動物、兩生爬蟲類、鳥類、哺乳類等生物五花八門，裝置藝術用心有趣，很適合親子同遊！

停留時間 2.5小時

地址 神戶市中央區新港町7-2 時間 10:00~19:00
休日 不定休(詳見官網) 價格 國中生以上 ¥2600，國小生¥1500，3歲以上¥500，價格為浮動制 網址 atoa-kobe.jp

步行 **2**分

巧克力博物館

停留時間 45分

12:30

擁有150年歷史的神戶港自開港以來便是西洋文化的交流窗口，其中巧克力文化便是其一。巧克力博物館致力於向世界傳遞巧克力的歷史與文化，展示世界各地巧克力與可可豆的資訊，涵蓋其起源、製作工藝、與藝術時尚的連結等。館內還收藏並展示世界各國巧克力包裝，展現巧克力製作人的創意與熱情。

地址 神戶市中央區新港町7-1 時間 11:00～18:00(入館至17:30) 休日 春秋展覽替換期 價格 成人¥1000，國中~大學¥800，國小¥300。2人同行「友割」¥1600（內含¥500購物金） 網址 www.felissimo.co.jp/chocolatemuseum

每年2次的展覽替換讓人更了解巧克力的大小事。

神戶

步行 7分

13:30

神戶市立博物館

停留時間 1小時

　由舊時橫濱正金銀行的建築物改建而成，長期展出神戶的歷史、國際交流、東南亞美術、基督教美術、日本、歐洲的古地圖等，能更深入了解神戶的歷史脈絡，不定期也會舉辦企劃展或是世界巡迴大展等。

地址 神戶市中央區京町24　時間 9:30~17:30(週五、六~20:00)，2、3樓入場至閉館前半小時　休日 週一(遇假日順延翌日休)、年末年始、不定休(詳見官網)　價格 2F展覽室成人￥300，大學生￥150，特展收費另計　網址 www.kobecitymuseum.jp

步行 2分

TOOTH TOOTH maison 15th

14:30

停留時間 1小時

　建於1881年的15番館，以木骨結構和水泥磚牆造成，是明治時代的美國領事館，不僅是神戶市區內最悠久的異人館，更被列為國家指定的重要文化財。阪神大地震後重建，由神戶當紅菓子店TOOTH TOOTH進駐，提供美味餐點與蛋糕。15番館外仍保有一段舊居留地建設初期的下水道系統，值得一看。

地址 神戶市中央區浪花町15旧神戶居留地15番館　時間 11:00~20:00(L.O.料理19:00/飲品19:30)　休日 不定休　價格 TEA SET￥4950(需預約)　網址 toothtooth.com/salon15

步行 5分

15:40

高砂大樓

停留時間 20分

　在金城武主演的電影「死神的精準度」中登場的高砂大樓，是由企業家李義招於二戰時所建造，完工於1949年。復古風情的大樓內進駐許多個人店舖與手作工房，除了帽子專賣店、復古二手衣、個性服飾，還有一間爵士酒吧。

地址 神戶市中央區江戶町100　時間 依店舖而異　網址 www.100ban.jp

步行 **4**分

16:15

東遊園地

停留時間 **30**分

從三宮駅往南經過神戶市公所方向，一大塊綠意盎然的公園綠帶映入眼簾，這裡便是以神戶光之祭典LUMINARIE聞名的東遊園地。在日文中「遊園地」所指的是遊樂園，設計者期望開闊腹地內的水景、廣場、綠地，能帶給人們遊樂園般的享受。

地址 神戶市中央區加納町6-4-1　時間 自由參觀
網址 eastpark.jp

位於東遊園地中

步行 **2**分

16:45

慰靈復興紀念碑

停留時間 **15**分

慰靈復興紀念碑於2000年1月16日落成，旨在紀念1995年阪神淡路大震災，傳承災後復興的精神，並向遇難者致敬。地下的「瞑想空間」牆上刻有遇難者的姓名，通道也展示了捐款者姓名，藉此鼓勵市民，呼籲全球對大災害的團結與復興。

地址 東遊園地內

館外的1.17希望の灯り燈火來自10個受災城市及47個縣的種火，象徵「溫暖」與「生命的印記」。

步行 **3**分

17:15

市役所展望台

停留時間 **45**分

24樓約100公尺高的免費展望台，可以俯瞰從六甲人工島到神戶港灣一帶的壯觀全景，天晴時甚至能遠眺紀伊半島，美不勝收。展望台內的數位看板播放神戶的觀光景點及主要專案的宣傳影片，展現神戶的魅力。

地址 神戶市中央區加納町6-5-1 神戶市役所1館24F　時間 9:00~22:00，週末及假日10:00~22:00　休日 年末年始　價格 免費　注意 入口在市役所1號館正面的高樓層專用電梯

步行 **8**分

18:15

神戶三宮駅

阪神電車

Goal！

魅力神戸港一日漫遊

神戸港　美利堅公園　BE KOBE　遊覽船　煉瓦倉庫

神戸屬於東西向的長型都市,山與海相近,為了拓展土地,進行多次填海造地,其中最受神戸人喜愛的就屬ハーバーランド(Harbor Land),也就是神戸港區。購物商場、美食餐廳、遊樂園、飯店、博物館、地標塔等玩樂遊憩設施一應俱全,碧海藍天的優雅風景中只見船隻點點,充分展現海港城市的開放感與自由氣息。

早
09:30 三ノ宮駅
10:00 美利堅公園
10:30 神戸海洋博物館

午
12:40 神戸港塔
13:50 御船座 安宅丸
15:20 煉瓦倉庫
16:30 旧神戸港信号所

晚
17:00 Umie MOSAIC
19:23 三ノ宮駅

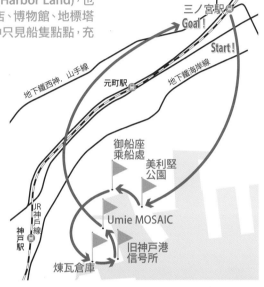

置身海港
感受碧海藍天與城市活力的碰撞

利用步行串聯各個景點，玩遍神戶港吧！

Start !

09:30 ¥140
三ノ宮駅 JR線

電車 **2分**　搭9:38發往西明石的JR線

09:40
元町駅 JR線

BE KOBE

步行 **15分**

美利堅公園

10:00

美利堅公園(メリケンパーク)名稱意指美國，公園裡有兩座主要建築物，分別是神戶海洋博物館和神戶塔。東側設有紀念阪神大地震的紀念公園，展示災後復興資料並保存受災遺跡，提醒人們災難教訓。著名打卡景點「BE KOBE」大字標也位於此處。

停留時間 30分

地址 神戶市中央區波止場町

位於美利堅公園內　步行 **3分**

館內展示百年前英國慶祝神戶開港的21響禮炮船複製品，推薦可從2樓往下觀賞。

神戶

神戶海洋博物館

停留時間 2小時

10:30

海洋博物館外觀如帆船，夜晚燈光映照出淡藍色光芒，是神戶港的地標之一。館內展示過去的帆船及至現代的郵輪、貨輪模型，精彩的館中館「川崎世界」展示著與神戶港歷史密不可分的川崎重工業集團發展史，設有多種親子活動體驗區，不論大人小孩都會覺得不虛此行。

地址 神戶市中央區波止場町2-2　**時間** 10:00~18:00 (入館至17:30)　**休日** 週一(遇假日順延翌日休)、年末年始　**價格** 成人¥900，國小~高中¥400　**網址** www.kobe-maritime-museum.com

步行
2分

12:40

神戶港塔

108公尺高的紅色神戶港塔於1963年建成，上下寬闊、中央細窄的造型靈感來自於日本傳統的「鼓」。2024年重新開放後，新增旋轉餐廳、360美術館、互動光影藝術美術館、話題商品等，吸引各地遊客紛紛到訪。

地址 神戶市中央區波止場町5-5 **時間** 展望層1F、3~5F、屋頂平台9:00~23:00(最後入場至22:30)，展望台2F~18:00 **價格** 展望層+屋頂平台高中以上¥1200，國中小¥500。(不包含頂樓平台為¥1000/¥400) **網址** www.kobe-port-tower.com

步行
4分

御船座 安宅丸

13:50

神戶港有許多不同風格的遊船行程，其中御船座 安宅丸由設計大師水戶岡兌治監修，仿建德川家光時代建造的軍事船艦，紅通通的船身加上唐風的屋頂，融合了古今、西方、日式風格，在洋風優雅的港灣裡巡遊，相當吸睛又特別。

地址 神戶市中央區波止場町7-1中突堤中央TERMINAL「かもめりあ」前3號乘船處 **時間** 10:00~17:00每小時的15分發船 **休日** 不定休，詳洽官網 **價格** 成人¥1600，國高中¥1400，國小¥800 **網址** kobebayc.co.jp

步行
11分

煉瓦倉庫

15:20

一排紅磚屋保留了百年前的外觀，過去荒廢的倉庫如今成為熱鬧的餐廳與啤酒屋，每晚人聲鼎沸。朋友們在復古的舊倉庫中乾杯，氛圍溫暖熱鬧。廣場旁的橋樑晚上亮起燈光裝飾，是夏夜吹海風的好地方。

地址 神戶市中央區東川崎町1-5-5 **時間** 依店舖而異 **網址** www.kobe-renga.jp

旧神戸港信号所

16:30

MOSAIC前方的港邊廣場上，在摩天輪前方可見一座優雅淡藍色的鐵塔。這座建於大正10年的鐵塔原為管理船舶往來海上的信號所，高46.3公尺的塔身設有當時先進的電梯系統。隨著無線電普及，塔的功能不再，之後移築於此保存，以歷史建築之姿，成為守護航海安全的祈願之塔。

地址 MOSAIC摩天輪前方的港邊廣場上 **時間** 自由參觀 **網址** harborland.co.jp/area_guide/

Umie MOSAIC

17:00

MOSAIC是神戸港區中的必訪之地，漆色亮麗的木造建築與海港景色非常搭配，面海側有寬廣的露台，晚上可觀賞美麗的神戸港夜景，夏天則是欣賞海上煙火秀的最佳角度。近百家的各式商店琳瑯滿目，逛也逛不完。

地址 神戸市中央區東川崎町1-6-1 **時間** 購物10:00~20:00，餐廳11:00~22:00，摩天輪10:00~22:00 **網址** umie.jp

順遊推薦

麵包超人Shopping Mall

麵包超人博物館的2樓購票入場區是小小孩的天下，如果大人覺得尷尬不敢進也沒關係，1樓的麵包超人Shopping Mall含9家商店、3處兒童專屬沙龍&遊戲區、6個麵包超人主題美食區及餐廳，還有寬闊的公共座位以及拍照區，光是逛這裡也能大滿足。

地址 神戸市中央區東川崎町1-6-2麵包超人博物館 1F **時間** 10:00~17:00 **價格** 免費進入

步行
9分

神戸駅
JR線

19:15
¥140

電車
4分

三ノ宮駅
JR線

19:23

搭19:19發往米原的JR線

Goal !

明石海岸線一日輕旅行

明石燒　天文館　明石海峽大橋　白砂青松　孫文紀念館

明石・垂水一帶位在神戶的西側，緊鄰海岸線的鐵道在經過須磨駅後往左看，廣闊的大海就在眼前。除了海景之外，明石還是章魚的產地，再加上世界最長的吊橋「明石海峽大橋」，與超好逛超好買的三井OUTLET，來到這裡一次就能滿足自然、人文、美食、科學、購物的旅行渴望。

早
09:30 三ノ宮駅
10:00 たこ磯
11:00 明石市立天文科學館

午
12:30 橋の科学館
13:10 明石海峽大橋Bridge World Tour
16:15 移情閣：孫文記念館

晚
17:00 舞子公園
17:45 アジュール舞子
18:30 三井OUTLET PARK
20:47 三ノ宮駅

登上海峽大橋
享受無盡海景與購物天堂

Point! 想登上至高點一覽神戶港風情，記得事先預約體驗行程！

Start！

09:30 三ノ宮駅 JR線
¥410

電車 **15分** 搭9:38發往姬路的JR線

09:53 明石駅 JR線

步行 **7分**

10:00

たこ磯

停留時間 **40分**

明石車站前的魚の棚商店街擁有近400年歷史，聚集了海鮮店、特產店、雜貨店和小吃店等，街道上人來人往，充滿活力。商店街內的「たこ磯」是明石名物明石燒的熱門店，菜單上的玉子燒就是指明石燒，口感比章魚燒更滑嫩濕潤，入口即化。

地址 兵庫縣明石市本町1-1-11 **時間** 11:00～19:00 **價格** 玉子燒(玉子燒)¥800

¥170

電車 **1分**

從「山陽明石駅」搭10:54發往山陽須磨的山陽電車

10:55 人丸前駅 山陽電車

步行 **3分**

11:00

明石市立天文科学館

停留時間 **1小時**

明石天文科學館位於日本標準時間子午線上，館內分為展示天體關係的宇宙館，以及介紹各地測量時間方法的時間館。13、14樓展望室可以眺望明石大橋，16樓設有天文望遠鏡，每個月舉辦一次「天体観望会」。

地址 兵庫縣明石市人丸町2-6 **時間** 9:30~17:00 (入館至16:30) **休日** 週一、每月第2個週二(遇假日順延翌日休)、年末、不定休 **價格** 成人¥700

¥200

電車 10分 搭12:11發往神戶三宮的山陽電車

12:16

舞子公園駅
山陽電車

步行 12分

12:30

橋の科学館

明石海峽大橋在動工前花了近40年完成抗風、耐震等多項模擬與計算，「橋的科學館」展示了大橋的結構和建設過程，利用展示版、模型與實際物品、聲光影像等，讓一般人也能了解明石海峽大橋所運用的海洋架橋技術。

停留時間 40分

地址 神戶市垂水區東舞子町4-114 **時間** 9:15~17:00(入館至16:30) **休日** 週一、12/29~1/3 **價格** 高中以上￥500，國中小￥250 **網址** www.hashinokagakukan.jp

位於橋の科學館內 — **步行 1分**

明石海峽大橋 Bridge World Tour

13:10

停留時間 3小時

踏上一般觀光客無法進入的維修步道，親自爬上主塔，從289米的至高點俯瞰淡路島與神戶的絕美景色。全程不太用爬上爬下，只要穿雙耐走的鞋子就行！

地址 集合地點在橋の科學館2F **時間** 3~11月週四~周日及假日9:15~11:55、13:25~16:05 **價格** 成人￥5000起，國中￥2500起；限定國中以上參加 **網址** www.jb-honshi.co.jp/bridgeworld/ **注意** 須提前於官網預約，並線上付款

步行 15分

16:15

移情閣：孫文記念館

華僑富商吳錦堂在舞子海岸建造「松海別莊」，其中的中國式八角閣樓因窗外能分別看到六甲山、瀨戶內海、淡路島等地，藉「移動改變的風情」之意而取名為移情閣，曾是宴請國父孫中山的場所，如今展出國父孫中山生平事蹟與修建這棟建築的企業家史料。

停留時間 45分

地址 神戶市垂水區東舞子町4-2051 **時間** 10:00~17:00 **休日** 週一(遇假日順延翌日休)、年末年始(12/29~1/3) **價格** 成人￥300

步行
1分

舞子公園

17:00

停留時間
30分

舞子公園內除了移情閣、舊武藤山治宅邸等設施，也是觀賞明石海峽大橋的好地方。明石海峽大橋花費十年建造，途中遭遇阪神大震災，克服重重困難於1998年通車，全長3911公尺，是目前世界上最長的吊橋式大橋，橋的主塔制高點離海面297公尺高，也是世界最高。

地址 神戶市垂水區東舞子町2051

步行
10分

アジュール舞子

17:45

停留時間
30分

對於兵庫縣民來說，「白砂青松」是這一帶的印象。雖然一度荒廢髒亂，但經過復興，如今長達800公尺的舞子沙灘又恢復潔白的樣貌，沙灘旁的公園更是種植了大量的松樹與草皮，使這塊沙灘綠意盎然。名稱アジュール(azur)是法文「藍色」之意，寓意為期望望這裡永遠保持綻藍。

地址 神戶市垂水區海岸通11　時間 開放海水浴場期間為夏季9:30~17:00，詳見官網　網址 www.kobe-park.or.jp/azur/

步行
10分

三井OUTLET PARK MARINE PIA KOBE

18:30

停留時間
1.5小時

利用神戶特有的港區悠閒氣氛，營造出南歐充滿陽光的感覺，不僅是熱門購物去處，也適合全家大小度過假日時光，除了應有盡有的商品以及超低折扣，境內也設置多處飲食、休憩專區，一整天待在這裡也不會累。

地址 神戶市垂水區海岸通12-2　時間 購物10:00~20:00，餐廳11:00~22:00　網址 mitsui-shopping-park.com/mop/kobe/

步行
14分

垂水駅
JR線

20:15

¥320

搭20:26發往松井大手的JR線

電車
21分

三ノ宮駅
JR線

20:47

神戶

Goal！

甲子園 一日熱血逐夢

🏷 甲子園　棒球　阪神虎　西宮神社　櫻花名所

兵庫的西宮市，位於大阪與神戶的中央地帶，相對於熱情的大阪、洋味十足的神戶，西宮較為閑靜，不過全日本高中棒球隊的夢想——阪神甲子園球場就位於此處。想齊聲在球場內吶喊、觀看全日本高中生最至高無上、熱血至極的球賽嗎？那絕對不能錯過甲子園！

早
09:45 神戶三宮駅
10:30 甲子園球場Stadium tour
11:30 甲子園歷史館

午
13:00 STADIUM SHOP
13:45 甲子園素盞鳴神社
14:15 LaLaport甲子園
16:45 西宮神社
17:20 夙川公園

晚
18:32 三ノ宮駅

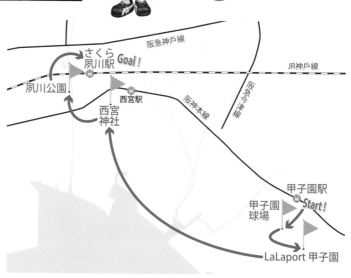

熱血與夢想聚集處 傳說中的棒球聖地

Point!

如果旅途時間不夠，無法參與整場棒球賽，不如跟著本篇行程，來場精彩的球場tour吧！

Start！

09:45 ¥280 神戶三宮駅 阪神電車

電車 18分 搭9:52發往近鐵奈良的阪神本線

10:10 甲子園駅 阪神電車

步行 7分

10:30 **甲子園球場 Stadium tour**

停留時間 **1小時**

甲子園球場於1924年建成，當年正是甲子年，因此命名為甲子園大運動場。在成為阪神虎的主球場後，於1964年更名為阪神甲子園球場。參加Stadium tour可以參觀平時無法進入的休息室、牛棚等，雖然全程日文導覽，但會發一份簡略的中文導覽手冊，語言不通的朋友也能了解球場。

地址 兵庫縣西宮市甲子園町1-82 KOSHIEN PLUS 2F甲子園歷史館櫃台 價格 成人¥2000，高中¥1800，4歲～國中¥1400(含甲子園歷史館入場費) 網址 www.koshien-rekishikan.com/stadium_tour/ 注意 需事先於官網購票

甲子園球場的黑土

甲子園球場是現今唯一內野使用黑土的日職棒球場，內野的黑土已是球場的註冊商標。黑土來自岡山縣日本原、三重縣鈴鹿市、鹿兒島縣鹿屋、大分縣大野郡三重町、鳥取縣大山與中國福建的白砂混合而成。春季因下雨機率高，白砂比例較多；夏季陽光強，為了能看清出球，黑土比例較高。

Mizuno Square

走進美津濃廣場，印入眼簾是地上畫著的本壘板與打擊區，右方有棒球之神Babe Ruth 1949年來訪甲子園的紀念浮雕，左邊則是連續出賽1492場且打滿全場與連續904場先發的世界紀錄保持者金本知憲的紀念浮雕，一旁還有介紹美津濃的棒球、球棒、手套的歷史，棒球迷絕不能錯過。

地址 一壘側，4、5號門附近

神戶

步行
3分

11:30

甲子園歷史館

停留時間
1.5小時

館內分成PLUS AREA和STADIUM AREA兩大區域，PLUS AREA介紹阪神虎球隊歷史，STADIUM AREA則以阪神甲子園球場歷史及高中春夏季甲子園球賽為主題，展示經典對戰的回顧和文物展出，以及多篇甲子園相關漫畫，其中最吸睛的是由4253顆(日本高等學校野球聯盟的加盟校數)棒球組成的棒球牆。

地址 兵庫縣西宮市甲子園町8-15 KOSHIEN PLUS 2F **時間** 10:00~18:00，11~2月至17:00，比賽日9:00~18:00，入館至閉館前半小時 **休日** 週一(遇假日、比賽照常營業)、年末年始、例行維護日 **價格** 成人¥900，高中¥700，4歲~國中¥500 **網址** www.koshien-rekishikan.com

步行
1分

STADIUM SHOP

13:00

停留時間
30分

甲子園歷史館旁邊的STADIUM SHOP，販售各式各樣甲子園球場的限定相關商品，想買甲子園球場紀念品的球迷一定要來這逛逛，為自己球場之旅買個紀念品。

地址 左外野，16號門旁 **時間** 10:00~18:00(11~2月至17:00)；比賽日提前2小時營業~比賽結束後1小時 **休日** 週一(遇假日、比賽照常營業)、年末年始、例行維護日

步行
4分

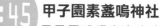

13:45

甲子園素盞嗚神社

停留時間
20分

甲子園球場旁有座專門祈求比賽勝利、球技精進的神社——甲子園素盞嗚神社。創建年代不詳，推測已有300多年歷史之久，後因阪神虎的監督、球員、球迷與打春夏季甲子園大賽的高中生在比賽之前都會來這裡祈求勝利，漸漸演變成棒球神社。

地址 兵庫縣西宮市甲子園町2-40 **時間** 自由參觀 **價格** 自由參拜

步行 5分

LaLaport甲子園

14:15

停留時間 2小時

LaLaport甲子園匯聚了年輕人最流行的雜貨、服飾店,由於就位在甲子園棒球場一旁,商場內也有許多人氣餐廳進駐,每到球賽前後,這裡的餐廳總是高朋滿座,是球迷與遊客的熱門聚集地。

地址 兵庫縣西宮市甲子園八番町1-100 **時間** 購物10:00~20:00(週末、假日~21:00);餐廳11:00~21:00(週末、假日~22:00) **網址** mitsui-shopping-park.com/lalaport/koshien/

搭16:33發往山陽姬路的阪神本線

¥160

電車 2分

16:35

西宮駅 阪神電車

步行 6分

從えびす口出站

西宮神社

16:45

停留時間 20分

西宮神社奉祠七福神中主司商業的惠比壽總神社,本殿是特殊的三連春日造建築,據說全日本只有這裡才看得到。元月10日舉行的「十日えびす」祭典是西宮神社最大的盛事。當天凌晨神社大門會關上,待上午6:00祭典完成後打開門時,男信眾便會全力向殿內奔去,第一個進入的便能成為當年的「福男」。

地址 兵庫縣西宮市社家町1-17 **時間** 4~8月5:00~19:00,9月、3月~18:30,10~2月~18:00 **價格** 自由參拜 **網址** nishinomiya-ebisu.com

步行 11分

夙川公園

17:20

停留時間 30分

夙川公園串連阪急神戶線、JR神戶線與阪神本線,長約2.8公里的綠色公園廊道種植多達1,600株的櫻花,入選為日本「櫻花名所100選」;園內也植有1,500多株高聳入天的松樹,獨特的松道景致美不勝收,周邊還有一些別緻小店可以逛逛。

地址 兵庫縣西宮市 **網址** www.nishi.or.jp/homepage/hana/sakura/unique/

步行 3分

さくら 夙川駅 JR線

18:00

¥140

電車 2分

搭18:13發往西明石的JR線

三ノ宮駅 JR線

18:32

神戶

Goal !

湯村溫泉療癒一日遊

🏷 湯村溫泉　夢千代日記　溫泉料理　但馬牛　歐巴桑語錄

湯村溫泉位在兵庫縣日本海側的但馬地區，千百年來持續不斷地湧出豐富的溫泉，自古以來就是溫泉療養勝地。1981年NHK的電視連續劇「夢千代日記」，以湯村溫泉為外景拍攝舞台，使其聲名大噪，溫泉街上的夢千代橋旁就有一座夢千代塑像。

早	08:00 鳥取駅 09:30 正福寺 10:15 荒湯 11:15 湯村溫泉水療公園
午	13:00 但馬牛餐廳 楓/午餐 14:15 夢千代館 15:00 遊月亭歐巴桑咖啡 15:30 但馬牛 はまだ 15:50 福島理髮店
晚	18:34 鳥取駅

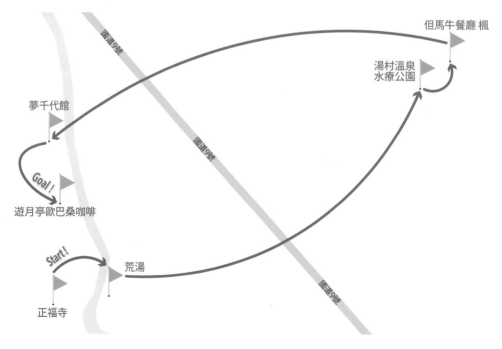

但馬牛餐廳 楓

國道9號

湯村溫泉
水療公園

國道9號

夢千代館

Goal !

遊月亭歐巴桑咖啡

Start !

荒湯

正福寺

國道9號

沉浸於千年溫泉
重溫夢千代的劇中情懷

Point! 從神戶前往湯村溫泉距離較遠，通常自駕或從鳥取前往較方便，當然安排二日遊也是好選擇！

Start !

08:00 🚌 鳥取駅 JR線

¥330
電車 25分 搭8:06發往浜坂的JR山陰本線

08:31 🚃 岩美駅 JR線

¥300
巴士 30分 8:40搭乘「夢つばめ」巴士海上線

09:10 🚐 湯村溫泉 巴士站

步行 6分

09:30

正福寺

停留時間
30分

溫泉街上方有座古寺，相傳是湯村溫泉開湯者慈覺大師創建的，也是夢千代日記的拍攝點之一。寺裡有座天台座主第三代慈覺大使円仁的座像設於江戶時代，是極為古老的地方信仰中心。寺廟裡有許多隱藏的「愛心」，是在地知名的人氣景點。

地址 兵庫縣美方郡新溫泉町湯174　**時間** 自由參觀

步行 3分

10:15

荒湯

停留時間
45分

荒湯溫度高達攝氏98度，泉質內含有適宜用來煮菜的特殊成分「重曹」，成為村民們日常燙山菜、香菇、豆腐的好所在。荒湯旁的商店就有提供一袋袋的雞蛋、紅薯、玉米、蔬菜等素材，可以親手體驗溫泉料理，冬天還可買到新鮮的松葉蟹，享受超豪華的溫泉大餐呢！

地址 兵庫縣美方郡新溫泉町湯1248　**時間** 自由參觀，足湯約7:00~21:00

神戶

步行 9分

11:15

湯村溫泉水療公園

停留時間 1.5小時

湯村溫泉水療公園在山丘上建出一座座露天溫泉風呂，有充滿和風情懷的酒樽風呂、可眺望溫泉街的洞窟展望風呂、享受瀑布拍打的瀧風呂、寢湯和蒸氣浴等，可以體驗豐富的溫泉設施，因為是男女混浴制，需穿泳衣入場。

地址 兵庫縣美方郡新溫泉町湯1371 **時間** 10:00~19:00(入場至18:30)，露天風呂~18:00 **休日** 週四(遇假日照常營業)、不定休 **價格** 國中以上￥1000，65歲以上￥800，3歲~國小￥600 **網址** www.refresh.co.jp/spa-pool/

步行 1分

但馬牛餐廳 楓

停留時間 1小時

13:00

但馬牛因生長在水草豐美的大自然中，肉質鮮嫩、油花豐美，與神戶牛、松阪牛不相上下。「楓」是湯村溫泉最富盛名的人氣餐廳，提供正宗的但馬牛料理，午間的日式牛排楓定食，採用鐵板燒的方式，可以看見大廚在面前料理。

地址 兵庫縣美方郡新溫泉町湯1371 **時間** 11:00~15:00(L.O.14:30)，16:00~19:00(L.O.18:00) **休日** 週四(遇春假日照常營業)、不定休 **價格** 午餐時段但馬牛サーロイン(但馬牛沙朗)100g￥6710，但馬牛燒肉定食 並￥1980 **網址** https://www.refresh.co.jp/restaurant/

步行 9分

夢千代館

停留時間 45分

14:15

1981年NHK電視連續劇「夢千代日記」於湯村溫泉拍攝，飾演女主角「夢千代」的正是當代知名女星「吉永小百合」，這部擁有高收視率的日劇讓湯村溫泉聲名大噪。夢千代館展示吉永小百合在劇中使用過的物品、資料等，整體氛圍復古懷舊，彷彿回到昭和30年代。

地址 兵庫縣美方群新溫泉町湯80 **時間** 9:00~18:00 **休日** 不定休 **價格** 成人￥300，國中小學生￥150 **網址** www.refresh.co.jp/yumechiyo/

步行
1分

15:00

遊月亭歐巴桑咖啡

停留時間
30分

歐巴桑咖啡改建自130多年歷史的老屋,工作人員全是當地親切的歐巴桑,提供的餐點也皆出自歐巴桑之手,鄉土滋味的根性燒、萩餅等,配上一杯黑豆茶十分對味。牆上貼滿了「歐巴桑語錄」,特殊又有趣的歐巴桑哲學,讓人看了不禁莞爾一笑。

地址 兵庫縣美方郡新溫泉町湯82-1　**時間** 10:00~17:00　**休日** 週二、週四、不定休　**價格** おばあの根性焼き(歐巴桑車輪餅)￥180　**網址** www.yuzukitei.com/obacafe

停留時間
15分

但馬牛 はまだ 本店

はまだ是當地人氣精肉店,創業於1969年提供自家牧場的高品質肉品,價格實惠。店裡不只能以超值價格購得牛肉,更可以直接買現炸可樂餅、牛肉餅,立即品嚐但馬牛好滋味。

地址 兵庫縣美方郡新溫泉町湯81　**時間** 10:00~18:00　**休日** 週四　**網址** www.tajima-beef.jp

步行
1分

15:30

步行
1分

15:50

福島理髮店

停留時間
30分

湯村溫泉的溫泉湧出量極大,溫度也高,一般民家只要打開水龍頭就會直接流出溫泉。溫泉街上就有4家老派理容店,直接用溫泉水幫顧客洗頭,約20分鐘的洗髮體驗,店主人會幫忙肩頸、頭皮按摩,用溫泉水洗去頭皮角質。

地址 兵庫縣美方郡新溫泉町湯115-4　**時間** 約10:00~17:00　**休日** 週一

步行
6分

藥師湯
巴士站
16:30
￥300

16:46搭乘「夢つばめ」巴士浜坂溫泉線

巴士
22分
浜坂駅
JR線
17:08
￥590

搭17:45發往鳥取的JR山陰本線

電車
34分
鳥取駅
JR線
18:34

Goal !

有馬·六甲全方位體驗二日遊

 有馬溫泉　六甲山　牧場　玩具博物館　百萬夜景

傳說有馬溫泉是由兩位日本遠古大神「大己貴命」及「少彥名命」所發現，為日本三大古泉之一，豐富歷史和自然景觀的魅力吸引眾多泡湯旅客前往療癒身心。隔天前往六甲山，徜徉在清爽空氣與翠綠植被之間，待至夜晚降臨，還能欣賞被譽為百萬夜景的神戶港美景。

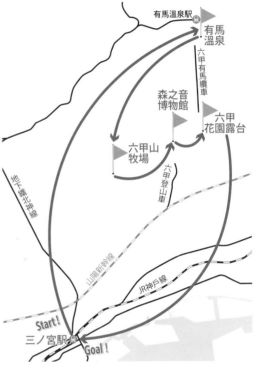

DAY1

 早
09:15 三ノ宮駅
10:00 吉高屋
10:30 ねね橋
11:00 銀の湯

 午
12:15 有馬籠
13:00 有馬玩具博物館
15:00 金の湯

 晚
16:15 陶泉 御所坊／住

DAY2

早
10:30 六甲山牧場

午
15:00 六甲森之音博物館
16:50 六甲花園露台

晚
17:30 Granite Cafe／晚餐
18:40 六甲枝垂れ
20:05 三ノ宮駅

造訪煙霧繚繞溫泉鄉
從山間俯瞰神戶港城市風光

Point! 距離神戶市區只要半小時！神戶市民最愛的近郊溫泉小旅行。

Start！ • DAY1

9:15 三ノ宮駅 JR線
¥600

巴士 26分 9:30搭乘神姬巴士「神戶三宮BT」

09:56 有馬溫泉 巴士站

步行 1分

10:00

吉高屋

停留時間 20分

吉高屋是神戶電鐵有馬駅前的一家和風雜貨店，有許多竹編手工藝品、用金泉染的麻布等充滿日本情懷的小物，由有馬溫泉水製作而成的美肌產品更是大受女性歡迎。使用溫泉水製作的碳酸水也很特別，喝起來可是清涼無比呢！

地址 神戶市北區有馬町259
時間 9:00~19:00 **休日** 週三(遇假日照常營業) **網址** yoshitakaya.com

泉水做的肥皂讓肌膚更保濕。

神戶

步行 3分

10:30

ねね橋

停留時間 10分

日本戰國時代，豐臣秀吉常與妻子寧寧一同前來有馬溫泉療養，為了紀念他們的堅貞愛情，便在湯煙廣場上的太閣像對面造了寧寧像與其相望，而寧寧像旁火紅的橋就是寧寧橋，秋天更有繁華似錦的紅葉，是有馬溫泉的著名景點。

地址 神戶市北區有馬町(有馬溫泉觀光総合案内所前)

步行
9分

銀の湯

11:00

停留時間
1小時

銀の湯的泉源來自銀泉，含有鐵質以及大量的碳酸成分，入湯之後皮膚會浮現碳酸泡沫，非常有趣。外型採鐘樓設計的銀之湯，整體的和風造型，無論是岩風呂大浴槽或是個人用的拍打湯，都讓人可以輕鬆入浴。

地址 神戶市北區有馬町1039-1 **時間** 9:00～21:00(入館至20:30) **休日** 每月第1、3個週二(遇假日順延翌日休)、1/1 **價格** 高中以上￥700(平日￥550)，國中小￥300；2館券(金の湯、銀の湯)￥1200 **網址** arimaspa-kingin.jp

步行
2分

有馬籠 本店

12:15

停留時間
30分

「有馬籠」是有馬溫泉的傳統竹藝，歷史可追溯到十五世紀，豐臣秀吉亦曾將有馬籠作為土產送給妻子寧寧。纖細精巧的編織法十分受到尊崇，還曾獲得萬國博覽會的優秀賞，店裡可以看到職人現場製作有馬籠，還有多種商品可以選購。

地址 神戶市北區有馬町1049 **時間** 10:00~17:00 **休日** 週三，不定休 **網址** www.arimakago.jp

步行
5分

有馬玩具博物館

13:00

停留時間
2小時

有馬玩具博物館展示來自世界各國四千種以上的玩具，有造型逗趣的木偶、精靈古怪的機器人，也有溫暖可愛的填充布偶，除了可以現場賞玩，也可以在賣店購買心儀的玩具，非常適合親子同遊。

地址 神戶市北區有馬町797 **時間** 10:00~17:00 **價格** 國中以上￥800，3歲～國小￥500 **網址** www.arima-toys.jp

步行 1分

15:00

金の湯

停留時間 1小時

金の湯是有馬溫泉最受歡迎的泡湯第，呈濃濃鐵銹色被稱為「金泉」的溫泉，原本在地下時為透明無色，但由於含有大量鐵質，與空氣接觸後會氧化成為赤茶色，連浴池都被染成一層紅褐色，吸引絡繹不絕的泡湯客。

地址 神戶市北區有馬町833　時間 8:00~22:00(入館至21:30)　休日 每月第2、4個週二(遇假日順延翌日休)、1/1　價格 高中以上￥800(平日￥650)，國中小￥350；2館券(金の湯、銀の湯)￥1200

網址 arimaspa-kingin.jp

步行 2分

16:15

陶泉 御所坊

御所坊是有馬溫泉的高級旅館，擁有超過800年的歷史。此處原是為了招待天皇等王公貴族而設的溫泉宿，館內傳統又不失現代、和風品味卻又透露著國際風範，走道與房內擺飾的不是精美的陶瓷器皿，而是御所坊主人熟識藝術家的古體書法與金石篆刻。

地址 神戶市北區有馬町858　價格 一泊二食一人￥31100起，無供餐￥15700起　網址 goshoboh.com

住宿推薦

高山莊 華野

進入高山莊華野，首先會被引領至風格十足的lounge區域，巴厘島原木家具與簡潔的空間設計，讓人瞬間放鬆心情。溫泉旅館的料理使用當地食材，無論是當地的山菜、新鮮無比的漁獲還是道地神戶牛，完全呈現日本季節特色，為住客帶來「感覺到幸福的料理」。

地址 神戶市北區有馬町400-1　價格 一泊二食一人￥31680起，無供餐￥13365起

網址 www.arima-hanano.com

Stay！

Start！DAY2

09:00

順遊推薦

六甲山冒險公園GREENIA

園內的「wonder yamambo」區域是日本最大的冒險運動設施！整個場地約1公里，設置以「秘密的森林」為主題的40個木製遊具，還有水上遊具區、森林遊具區、極限體能區等，豐富設施讓人享受精彩的戶外冒險。到冬季化身為滑雪場，並設有雪樂園，大人小孩都能享受雪中樂趣。

地址 神戶市灘區六甲山町北六甲4512-98 時間 10:00~17:00 休日 週四 價格 大人￥3000、國中~大學￥2500、國小￥2000，4~6歲￥1500 網址 www.rokkosan.com/greenia

步行 **17**分

09:20 ￥1030 🚉 有馬溫泉駅 六甲有馬纜車

纜車 **12**分 搭9:30發的六甲有馬纜車

09:42 ￥620 🚉 六甲山頂駅 六甲有馬纜車

9:53從「ロープウェー山頂駅」搭乘六甲山上巴士至「記念碑台」站，轉乘六甲摩耶スカイシャトル巴士至「六甲山牧場」站

巴士 **16**分

六甲山牧場

停留時間 **4**小時

丘陵起伏的綠草地上散落著一群群如棉花糖般蓬鬆的綿羊，宛若瑞士高原的廠警。六甲山牧場除了可以和溫馴的綿羊、兔寶寶、馬兒做親密接觸，也有擠奶、陶藝、做起士、冰淇淋、香腸的體驗教室，還能品嘗美味的瑞士起司鍋，非常適合親子同遊。

地址 神戶市灘區六甲山町中一里山1-1 時間 9:00~17:00(入園至16:30) 休日 週二(7/21至8/31無休)、年末年始、冬季、不定休，詳見官網 價格 高中以上3~11月￥600、12~2月￥400，國中小￥200 網址 www.rokkosan.net

14:38搭乘六甲摩耶スカイシャトル巴士至「記念碑台」站，轉乘六甲山上巴士至「ミュージアム前」站

巴士 **11**分 ￥560

15:00

六甲森之音博物館

停留時間 **1.5**小時

六甲音樂盒博物館於1994年成立，之後更名為「森之音」，成為以音樂和自然為核心的療癒空間。館內展出19至20世紀初歐洲及美國流行的自動演奏樂器，並於二樓舉辦定時演奏會，訪客還可參加手工音樂盒及樂器製作體驗，親子打造專屬作品。

地址 神戶市灘區六甲山町北六甲4512-145 時間 10:00～17:00(入場至16:30) 休日 週四(遇假日營業) 價格 國中以上￥1500，4歲～國小￥750 網址 www.rokkosan.com/museum/

**16:40搭乘六甲山上巴士
至「六甲ガーデンテラス」站**

巴士 ¥230
4分

16:50

六甲花園露台

六甲山花園露台由許多棟半露天咖啡廳、六甲山紀念品店、觀景餐廳、生活雜貨屋、工藝品店與展望台所構成，是年輕情侶們的約會首選，無論是白天一覽港灣風光，或是夜幕低垂時欣賞神戶夜景都十分適合。

停留時間 **30分**

地址 神戶市灘區六甲山町五介山1877-9
時間 依店舖而異(詳見官網) **網址** www.rokkosan.com/gt

步行 6分

Granite Cafe

停留時間 **1小時**

店名「Granite」源自花崗岩，象徵著六甲山的自然力量與簡約氛圍。餐廳坐擁開闊視野，可俯瞰大阪市景，遠眺明石海峽與大阪平原，館內提供使用當季食材的精緻料理和手作甜點，包括丹波黑豆製作的提拉米蘇、水果焗烤、加古川和牛的濃郁燉牛肉等，令人垂涎。

17:30

地址 六甲山Garden Terrace內 **時間** 11:00～20:30 **休日** 週三 **價格** 手作漢堡排¥2200

步行 5分

18:40

六甲枝垂れ

特殊的外型如同立在山頂的一棵大樹般，由枝葉包覆的展望台則可以360度展望山海美景。展望台中間圓管狀的設計可以讓空氣對流，宛如這棵大樹在呼吸般，讓人感受到與自然和諧共生的真理。

停留時間 **20分**

**搭19:00發的六甲山上巴士
至「六甲山上」站**

巴士 ¥370
8分

地址 神戶市灘區六甲山町五介山1877-9
時間 10:00~21:00(入場至20:30) **價格** 國中以上¥1000，4歲～國小¥500 **網址**
www.rokkosan.com/gt/shidare/

六甲山上
六甲登山車

19:08 ¥660

搭19:20發的六甲登山車至「六甲ケーブル下」站

登山車 10分

搭19:35發的16號巴士至「JR六甲道」站

巴士 ¥230
18分

搭20:01發往網干的JR線

電車 ¥170
4分

20:05
三ノ宮駅
JR線

Goal !

神戶

篠山古街風情二日慢遊

2日遊

🏷 篠山　妻入建築　丹波黑豆　小京都　料理旅館

篠山市保有古老的風貌，洋溢著歷史與傳統文化的氣息，其中最具代表性的就是篠山城跡、武家屋敷等，而保有古街道風貌的河原町妻入商家群，是曾經繁榮一時的商業中心，有「小京都」之稱，這裡也是美味的寶庫，走一趟篠山，心靈與味覺都能得到滿足。

料理旅館 高砂　　　鳳鳴酒造

篠山城
大書院　　　　王地山
　　　　　　　まけきらい
　　　　　　　稲荷神社

河原町
妻入商家群

JR福知山線

Start!

◉篠山口駅
Goal！

DAY1

早
09:00 三ノ宮駅
11:00 篠山城大書院

午
12:20 岩茶房 丹波ことり／午餐
13:45 鳳鳴酒造 ほろ酔い城下蔵
14:30 篠山市立歷史美術館
15:45 大正浪漫館

晚
16:30 料理旅館 高砂／住

DAY2

早
10:00 王地山まけきらい稲荷神社
11:15 河原町妻入商家群

午
12:10 川端家住宅
12:30 小田垣豆堂／午餐
15:51 三ノ宮駅

篠山街頭走一回
發現小京都的古韻與風味

Point!

丹波地區擁有肥沃土壤和晝夜溫差大的氣候，種出的丹波松茸、丹波黑豆、丹波栗都是必嚐美食！

Tips

市內有多處可以租借自行車，最方便的便是JR篠山口駅的東口，出站後往右轉下樓便會看到租借處。

地點 JR篠山駅東口、篠山観光案内所 **時間** 9:00~17:00(11~2月至16:00) **休日** JR篠山駅東口12~2月 **價格** 一天￥800，90分鐘￥500；電動腳踏車一天￥1000，90分鐘￥600

Start！ DAY1

09:00 　三ノ宮駅 JR線
￥1520

電車 1小時16分 搭9:07發往米原的JR山陽本線到「尼崎駅」，轉乘9:28發往篠山口的福知山線

10:29 　篠山口駅 JR線
￥300

巴士 13分 搭10:39發往篠山營業所的神姬バス至「二階町」站下車

11:00 　篠山城大書院

停留時間 1小時

德川家康為鞏固西日本勢力，於慶長14年(西元1609年)命人建篠山城。大書院與城建造時間相同，作為政務辦公之處，明治維新後成為學校禮堂，於昭和19年大火焚毀，外觀復原後於2006年被選為日本100名城之一。

地址 兵庫縣丹波篠山市北新町2-3 **時間** 9:00~17:00(售票至16:30) **休日** 週一(遇假日順延翌日休)、12/25~1/1 **價格** 成人￥400，大學高中￥200，國中小￥100 **網址** withsasayama.jp/osyoin/

步行 7分

12:20

岩茶房 丹波ことり

停留時間 1小時

丹波ことり以中國岩茶為主題，提供約20種岩茶及自家製小餅乾、果乾等，讓人品茶時享受美味。現址改建自武家屋敷，空間以木家具為主，店內使用的器皿出自丹波陶匠柴田雅章，觸手輕盈、就口細膩，讓人沉浸於悠閒時光中。

地址 兵庫縣丹波篠山市西新町18 **時間** 11:00~17:00 **休日** 週三、四 **網址** kotori-gancha.com

步行
15分

停留時間
30分

鳳鳴酒造
ほろ酔い城下蔵

13:45

創業於1797年的老店,保留至今的建築展現出悠久歷史與古樸風味。店內後方展示了過去製酒過程所使用的古老器具,可藉此了解製酒過程和歷史。運用當地黑豆所釀的「樓蘭」,以及用栗子製作的「Marron de Kiss」也都十分特別,只有這裡才買得到。

地址 兵庫縣丹波篠山市吳服町46 **時間** 9:30~17:00 **休日** 週二 **價格** 楼蘭、Marron de Kiss 500ml￥1300 **網址** houmei.wixsite.com/houmeisyuzou/home

聽音樂的酒

除了傳統高品質的吟釀酒,鳳鳴酒造最有名的是音樂振動釀造酒「夢の扉」,聽貝多芬和莫札特的音樂所釀造的酒,喝起來到底有何不同呢?不妨來試試差別在哪裡。

步行
6分

14:30

篠山市立歷史美術館

停留時間
1小時

這棟美麗的建築是日本現存最古老的木造法院,1891~1981年間都是作為法院使用,後來才改為歷史美術館,展示篠山地區的歷史文物。館內還保有以前法庭樣貌供遊客參觀,收藏展示則有武具、漆器、繪畫等。

地址 兵庫縣丹波篠山市吳服町53 **時間** 9:00~17:00(售票至16:30) **休日** 週一(遇假日順延翌日休)、12/25~1/1 **價格** 成人￥300,大學高中￥220,國中小￥100;歷史4館共通入館券(2日間可用)成人￥600,大學高中￥300,國中小￥150 **網址** withsasayama.jp/history-museum/

步行
6分

大正浪漫館

15:45

停留時間 30分

大正12年(西元1923年)落成的大正浪漫館,在當時是最現代的建築物,外觀是極具代表的歐風建築。如今作為觀光案內所,附設餐廳提供黑豆咖啡等餐飲,特產部則販售丹波特產品,松茸、黑豆、丹波栗等,是採買伴手禮的最佳地點。

地址 兵庫縣丹波篠山市北新町97 **時間** 10:00~17:00 **休日** 週二、年末年始、例行維護日 **網址** tanbasasayama.hyogo.jp

步行
5分

料理旅館 高砂

16:30

高砂初代創始人在嘉永元年(西元1848年)創業,傳至現在來到第6代,以和風摩登、復古為基調,除了提供住宿,也結合丹波傳統文化,不只配合時令使用地元野菜調理出一道道暖心佳餚,餐具也挑選丹波燒的陶藝品,充分展現了6代主人的美學品味。

地址 兵庫縣丹波篠山市二階町6 **時間** 用餐11:30~14:30;check in 16:00~19:00,check out 10:00 **價格** ステーキ丼(牛排丼)¥1100;一泊二食一人¥19800起 **網址** takasago-ryokan.net

神戶

住宿推薦

篠山城下町ホテル Nipponia

Nipponia將篠山城下町的老屋改建為旅館,四幢建築均超過百年,其中主棟ONAE棟建於明治前期,曾為銀行經營人住宅,SAWASIRO棟、NOZI棟及SION棟也各具歷史特色。房內無時鐘、電視等現代設施,營造靜謐的住宿氛圍。

地址 兵庫縣丹波篠山市西町25 ONAE棟 **時間** check in 15:00~20:00,check out 12:00 **價格** 一泊附早餐¥47618起 **網址** www.sasayamastay.jp

Stay!

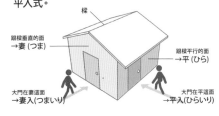

Start! DAY2

09:30

步行 **16**分

10:00

王地山まけきらい稲荷神社

停留時間 1小時

　　　數百座豔紅鳥居沿著山勢而建，順勢登上階梯，盡頭便是まけきらい稲荷神社。其中末社「平左衛門稲荷大明神」為勝利守護之姿受人信仰，每到考季、比賽前夕便會有許多人來祈願勝利。

地址 兵庫縣丹波篠山市河原町92 **時間** 自由參觀 **價格** 自由參拜 **網址** www.makekirai.com

妻入 VS 平入

　　妻入與平入，是指入口玄關所在形式的一種説法。主要是以主屋的樑來區分。如果大樑與入口前的道路垂直，屋頂看來是個三角型形狀，便是妻入式；如果樑與入口的道路平行，便是平入式。

樑

跟樑垂直的面 →妻 (つま)

跟樑平行的面 →平 (ひら)

大門在妻這面 →妻入(つまいり)

大門在平這面 →平入(ひらいり)

步行 **8**分

11:15

河原町妻入商家群

停留時間 45分

　　河原町妻入商家群是篠山傳統建物保護群的一部分，早期是商家聚集地，現在則是飄盪著復古風情的町屋老街，設有咖啡廳、博物館、賣店等。這裡的建築入口狹窄，內部細長，有「鰻魚之床」之稱，妻入式的屋頂構造形成顯目的三角型更是注目重點！

地址 兵庫縣丹波篠山市河原町 **時間** 自由參觀，一般店家約11:00~17:00營業

步行
1分

川端家住宅

12:10

川端家住宅建於明治前期，2005年列為篠山市指定有形文化財。與一般狹長町屋不同，川端家住宅為平入式大型町屋，入口寬達17公尺，足見川端家財力。佔地713坪，主屋旁的離屋曾為皇室來訪時的住所，2樓的虫籠窗、1樓的真壁造及白漆喰等也是必看的特色。

停留時間
10分

（地址）兵庫縣丹波篠山市河原町　（時間）預約制
（注意）內部並未一般公開，想參觀可洽篠山市觀光課預約

步行
3分

小田垣豆堂

停留時間
1小時

12:30

丹波地區自古以生產高品質黑豆聞名，無論顆粒大小或味道均為日本頂級。小田垣商店已經營至第6代，直接由農家收購黑豆加以分類篩選，提供最優質的產品，店內還販售大豆、紅豆等菓子產品，既健康又美味。

（地址）兵庫縣丹波篠山市立町19　（時間）賣店9:30
~17:30，Café11:00~17:00(L.O.16:00)　（休日）賣店年末年始，Café週四(遇假日順延翌日休)、年末年始
（網址）www.odagaki.co.jp

¥340

從「上立町」站
搭13:42發往篠山口駅的神姬バス

巴士
23分

篠山口駅
JR線

14:05
¥1520

電車
1小時16分

搭14:19發往大阪的JR福知山線到「尼崎駅」，轉乘15:36發的山陽本線

三ノ宮駅
JR線

15:51

Goal !

從城崎溫泉到出石古街
溫泉與歷史二日滿喫

🏷 城崎溫泉 ｜ 出石 ｜ 蕎麥麵 ｜ 松葉蟹 ｜ 麥桿細工

城崎溫泉古名為「但馬溫泉」，傳說1400年前曾有受傷的黃鶴在此療傷後展翅高飛，為溫泉增添傳奇色彩，柳樹成蔭的溫泉街風情濃郁，七個各具特色的公共浴場能一次享受多種泡湯體驗，冬季前來賞雪、泡湯、品嚐當地螃蟹更是享受。附近的出石城鎮以辰鼓樓為地標，古樸寧靜，彷彿神隱少女的世界，而出石特有的蕎麥麵也是必吃美食。

DAY1

早
09:00 三ノ宮駅
11:30 海中苑／午餐

午
12:45 城崎文芸館
14:30 城崎珈琲 みはらしテラスカフェ
15:30 城崎スイーツ本店
16:00 麦わら細工 かみや民芸店
16:30 七大外湯巡遊

晚
18:30 富士見屋／住

DAY2

早
10:00 出石城跡
11:10 辰鼓楼
11:30 正覚田中屋／午餐

午
12:45 楽々鶴 出石酒造
13:45 家老屋敷
14:30 出石永樂館

晚
17:45 三ノ宮駅

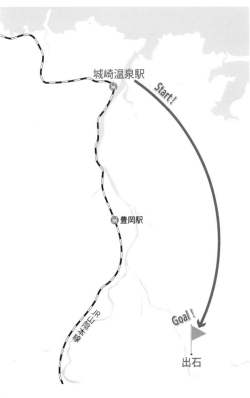

柳樹小徑的外湯風情
出石古街的歷史韻味

Point!

從神戶前往城崎溫泉雖然也有電車、高速巴士可以搭乘，但若要順路前往出石，還是開車自駕最方便！

Start！ ● **DAY1**

09:00 🚃 三ノ宮駅
JR線

開車 2小時30分 途經舞鶴若狹自動車道和國道483號，將車停在城崎溫泉駅前的停車場

11:30

海中苑 本店

停留時間 1小時

海中苑提供老闆親自於但馬津居山港採購的漁獲，給客人品嚐第一手的新鮮，由11種食材組成的海鮮丼，多種美味濃縮在一碗，讓人忍不住大快朵頤。11~3月是松葉蟹盛產季節，此時造訪城崎溫泉更不能錯過螃蟹大餐。

地址 兵庫縣豐岡市城崎町湯島132 **時間** 10:00~18:00 **休日** 1/1、1/2 **價格** 海鮮丼(舟)¥1600，海鮮丼(海)¥2100，天丼(附沙拉)¥1900

步行 3分

城崎文芸館

12:45

停留時間 1小時

城崎溫泉曾是文人雅士聚集的場所，多次出現在小說場景之中。城崎文藝館介紹前來溫泉鄉的文人和畫家的生平事跡，並展示他們的作品。館內會不定期更換展覽，大廳也有免費區域供遊客參觀。館外設有手湯和足湯，是放鬆休息的好地方。

地址 兵庫縣豐岡市城崎町湯島357-1 **時間** 9:00~17:00 **休日** 週三、年末年始、換展期間 **價格** 成人¥500、國高中¥300 **網址** www.kinobun.jp

神戶

步行
10分

🚌 **山麓駅**
城崎溫泉纜車

14:00

往返¥1200

纜車
7分　搭14:10發的纜車到山頂駅

停留時間
30分

城崎珈琲 みはらしテラスカフェ

14:30

搭乘城崎溫泉纜車來到山頂，不妨進來咖啡屋みはらしテラス(見晴露台)坐坐。除了咖啡之外，以但馬牛、八鹿豚為原料的熱狗堡，或是蕨餅、糰子等輕食種類豐富，很適合午餐或是下午茶時段前來。

地址 兵庫縣豊岡市城崎町湯島806-1 城崎纜車山頂駅 **時間** 10:00~16:00 **休日** 第2、4個週四 **網址** www.kinosakicoffee.com

往返¥1200

纜車
7分　搭15:10發的纜車到山麓駅

步行
5分

城崎スイーツ本店

15:30

停留時間
20分

這裡的年輪蛋糕是城崎的代表銘菓，店家堅持使用但馬產、飼育環境優良的雞蛋、與東方白鸛共生之稻米所研磨的米粉，製作出來的燒菓子榮登旅人伴手禮的第一名。店裡還有布丁、冰淇淋、蕨餅等甜點，可以外帶也可以內用。

地址 兵庫縣豊岡市城崎町湯島527 **時間** 9:40~17:40 **休日** 週三、四 **網址** www.kinosakisweets.com

步行
5分

停留時間
15分

麦わら細工 かみや民芸店

16:00

城崎的麥稈工藝起源於約280年前，當時一位來自鳥取的工藝師將染色的麥桿貼在竹笛或陀螺上販售，逐漸發展成獨特工藝。位於木屋町小路的「かみや民芸店」傳承此工藝，除了販售精美的麥稈工藝品，也提供三種難度的細工體驗，親手完成充滿成就感。

地址 兵庫縣豊岡市城崎町湯島391 **時間** 10:00~18:00 **休日** 不定休 **網址** kamiya-mingei.com

七大外湯巡遊

16:30

城崎溫泉擁有一條風情濃濃的溫泉街,街上最大賣點就是七個「外湯」(公共浴場),除了露天的さとの湯,還有洞窟風呂一の湯、傳說中治癒黃鶴的鴻の湯等等,外觀造型、溫泉設施、功效各有不同,租借浴衣,在充滿輕煙的柳樹小徑中漫步,大大滿足泡湯慾望。

時間 依設施而異
網址 kinosaki-spa.gr.jp/about/spa/

富士見屋

步行
5分

18:30

富士見屋稍稍遠離鬧街,除了本館之外,登上長長階梯來到林中山莊更是別有風情。有些房型內並無附設浴室,但在山腰則設有溫泉個室,只要向女將預訂洗澡時間,便可以於該時段在竹林中獨享溫泉。

地址 兵庫縣豐岡市城崎町湯島730 **時間** check in 15:00,check out 10:00 **休日** 週三 **網址** www.kinosaki-fujimiya.net

神戶

住宿推薦

西村屋 本館

西村屋是城崎溫泉最古老的旅館,創業於江戶時代,已有150多年歷史。傳統日式建築與布滿青苔的庭園展現獨特韻味,四季變換的景色令人感受季節流轉。館內曾接待政治家大隈重信、文人犬養毅等名人,當時留下的作品與書畫、陶藝等珍品至今都陳列在館內展示。

地址 兵庫縣豐岡市城崎町湯島469 **時間** check in 15:00~17:00,check out 11:00
網址 www.nishimuraya.ne.jp/honkan/

Stay！

Start! · DAY2

09:00

開車 **40**分　途經縣道3號接國道426號一路往南

出石城跡

停留時間
1小時

10:00

出石城由山名一族於天正2年(西元1574年)建於有子山頂，慶長9年(西元1604年)小出吉英將天守廢除，並將山麓的城郭命名為出石城。明治時期廢城令後，城堡只剩下辰鼓樓、石垣和城堀。如今，城跡附近已整理為登城橋河川公園，被選為「續日本100名城」之一，成為散步和踏青的好地方。

地址 兵庫縣豊岡市出石町內町　**時間** 自由參觀
價格 自由參觀

步行 3分

辰鼓楼

停留時間
15分

11:10

辰鼓樓建於明治4年(西元1897年)，每一個整點會敲擊太鼓來告知時辰，明治14年時由一位當地的醫生捐獻了一個大時鐘，才成為現在鐘樓的模樣，不過目前辰鼓樓的大時鐘已經是第三代鐘了，並不是明治時期最初的鐘。

地址 兵庫縣豊岡市出石町內町　**時間** 自由參觀　**價格** 自由參觀

步行 2分

正覚田中屋

停留時間
1小時

11:30

出石的蕎麥麵源自於300多年前，由信州蕎麥師傅引入，演變成出石小碟蕎麥麵並傳承至今，當地特有的「赤花蕎麥」種子經石臼磨製，香氣與甘味更為濃郁，是出石的獨特風味。正覺田中屋每份麵條皆是現揉現煮，保持新鮮的Q勁與自然香氣，吸引許多蕎麥麵愛好者前來品嘗。

地址 兵庫縣豊岡市出石町本町97　**時間** 10:30~17:00(售完為止)，晚餐預約制　**休日** 週四、第3個週三(遇假日照常營業)　**價格** 出石皿そば(出石小碟蕎麥麵)一人份5盤￥990　**網址** www.sarasoba.com

步行
3分

楽々鶴 出石酒造

12:45

停留時間
45分

創業超過三百年的出石酒造，以「楽々鶴」酒標聞名全日本，雖然產量稀少，但酒質極佳。酒造將百年老房改為販賣場，四周擺放著古老的釀酒工具，充滿懷舊氛圍。店內提供免費試飲，後方的土藏也極具特色，若有機會遇見老闆，還可參觀釀酒過程。

地址 兵庫縣豊岡市出石町魚屋114-1
時間 9:30～18:30 休日 不定休 網址
www.big-advance.site/s/165/1267

步行
6分

酒 後 不 開 車 ， 安 全 有 保 障

家老屋敷

13:45

停留時間
30分

家老屋敷是昔日出石城高級武士的住所，外表看似僅有一層樓，但內部實則藏有第二層，這是古代為防敵襲所構思的巧妙設計。屋內展示著每年11月3日「大名行列」的道具，十分特別且富有歷史趣味。

地址 兵庫縣豊岡市出石町內町98-9 時間
9:30~17:00(入場至16:30) 休日 週三、12/28~1/4
價格 成人￥200，高中大學￥120 網址 www.
city.toyooka.lg.jp/1019810/1019834/1019849
/1002153.html

步行
4分

出石永樂館

14:30

停留時間
1小時

神戶

永樂館是出石的歷史悠久演藝劇場，建於1901年，是日本現存最古老的劇場建築，除了土牆、太鼓樓，迴旋舞台、舞台下的奈落、表演高台等舞台構造也都保存得十分完好，沒有表演時可以入內參觀。

地址 兵庫縣豊岡市出石町柳17-2 時間 館內見學9:30~17:00(入館至16:30) 休日 週四、12/31、1/1 價格 館內見學成人￥400，高中大學￥240
網址 eirakukan.com

經國道483號接舞鶴若狹自動車道回到神戶

開車
2小時10分

17:45

三ノ宮駅
JR線

Goal !

赤穗海岸與姬路古城的二日漫遊

赤穗城　夕陽海景　溫泉　姬路城　書寫山

赤穗位於兵庫西部，是《忠臣藏》的故事發源地，這裡與忠臣藏有深厚的歷史淵源，並且多次出現在日本連續劇中，走在赤穗古街上，品嚐美味海產，沉浸在歷史氛圍中。姬路市以被譽為「白鷺城」的姬路城最為知名，若想避開人潮，不妨搭上公車前往書寫山，雖然路途稍遠，但那裡隱秘的美景絕對值得一遊。

DAY2

早
- **09:40** 姬路城
- **11:40** 好古園

午
- **13:15** 書寫の里・美術工藝館
- **14:45** 書寫山圓教寺

晚
- **17:15** FESTA
- **18:30** TERASSO
- **19:45** 姬路駅

DAY1

早
- **10:00** 姬路駅
- **11:00** 大石神社
- **11:30** 赤穗城跡

午
- **13:30** 東御崎展望台

晚
- **14:30** 銀波莊／住

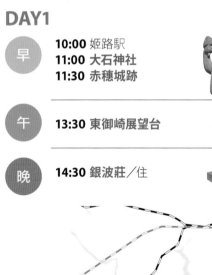

書寫山圓教寺

書寫の里・
美術工藝館

姬路城

山陽新幹線

JR山陽本線

山陽電鐵

Goal！
姬路駅

JR赤穗線

播州
赤穗駅

Start！　銀波莊

感受日本三大名城的魅力
沉浸歷史與美景中

Point! 入住溫泉飯店，由日本夕陽百選名所欣賞海上落日！

 Start! **DAY1**

10:00 🚌 姬路駅 ¥590 JR線

電車 **31分** 搭10:09發往播州赤穗的JR山陽本線

10:41 🚌 播州赤穗駅 JR線

步行 **15分**

11:00

大石神社

停留時間 20分

赤穗城跡旁的大石神社供奉大石內藏助等47名義士及其他相關人物。參道兩旁矗立義士的石雕像，義士史料館內展示了根據歷史記錄雕刻的木像，還有義士討伐吉良邸時所穿的甲冑、刀刃，以及大石內藏助指揮時使用的鳴笛等珍貴遺物。

地址 兵庫縣赤穗市上仮屋131-7(旧城內) 時間 8:30~17:00 價格 自由參拜，義士史料館高中生以上¥500 網址 www.ako-ooishijinjya.or.jp

步行 **5分**

11:30

赤穗城跡

停留時間 1小時

赤穗城被列為百大名城之一，由淺野長直於1648年開始建造，歷時13年完成，是非常珍貴的變形輪廓式海岸平城，無天守閣的設計十分少見。明治時期因改革維新赤穗城被拆除，直至昭和46年才被指定為國家史跡，目前正在修復，將會成為結合歷史與教育意義的大型公園。

地址 兵庫縣赤穗市上仮屋1 時間 本丸、二之丸庭園9:00~16:30(入園至16:00) 休日 本丸、二之丸庭園12/28~1/4 價格 自由參觀 網址 www.ako-hyg.ed.jp/bunkazai/akojo/

神戶

步行
9分

12:45 🚐 縣住前
神姫巴士
¥260

巴士
14分　搭13:00發往「亀の井ホテル赤穂」的神姫巴士

13:14 🚐 西山町
神姫巴士

步行
10分

13:30

東御崎展望台

停留時間
30分

東御崎展望台位在赤穗溫泉街附近，是瀨戶內海國立公園邊的海景眺望高台，這裡設有「一望席」，讓人可以盡情眺望廣闊的大海，景色壯麗。春季櫻花盛開時，粉紅色的花海與湛藍的海面交相輝映，宛如彩雲飄浮，景色格外迷人。

地址 兵庫縣赤穗市御崎　時間 自由參觀

步行
14分

銀波莊

14:30

銀波莊位於「日本夕陽百選」的赤穗御崎海邊，擁有面向瀨戶內海的露天溫泉。夕陽西下，金黃晚霞與赤紅的夕陽映照海面，景色絕美。此外，晚餐還提供來自瀨戶內海的新鮮海產，新鮮活跳的生魚片船、赤穗海鹽包裹鹽烤成的鯛魚鹽釜燒、鮑魚、蝦蟹等海味，讓人享受一場視覺與味覺的饗宴。

地址 兵庫縣赤穗市御崎2-8　時間 check in 15:00，check out 10:00　網址 www.ginpaso.co.jp

赤穗的鹽

赤穗鹽是日本著名的高級鹽，在一般超市價格不菲，因此成為來赤穗旅遊的觀光客最喜愛的土產之一。

赤穗地處海邊，三百多年前便開發出上等良鹽的製採技術，赤穗鹽自古就是赤穗藩上獻給江戶幕府將軍的貢品，隨著赤穗義士事件，赤穗的名聲遠播全國，赤穗鹽也意外走紅，這也是當初始料未及的吧！

Stay !

Start！·DAY2

08:15
¥300
巴士
15分
從「御崎」站
搭8:21發往播州赤穂駅的神姬巴士

08:36
播州赤穂駅
JR線
¥590
電車
32分
搭8:46發往姬路的JR赤穂線

09:19
姬路駅
JR線
¥190
巴士
4分
搭9:30發往「姬路セントラルパーク」的神姬巴士至「姬路城大手門前」站

09:40

姬路城

停留時間
2小時

姬路城建在姬山上，因白漆喰的白壁而被譽為「白鷺城」，山腳到天守閣頂端，有海拔92公尺高，複雜迂迴的防禦性城廓設計易守難攻。若要由外圍到城內全程走完大約需要2~3小時，不過能與珍貴的世界遺產近距離接觸絕對值得。

地址 兵庫縣姬路市本町68 **時間** 9:00~17:00，夏季至18:00，入城至閉門前1小時 **休日** 12/29、12/30
價格 成人¥1000，國小~高中¥300；姬路城·好古園共通券成人¥1050，國小~高中¥360 **網址**
www.city.himeji.lg.jp/guide/castle

步行
2分

11:40

好古園

停留時間
45分

好古園的舊址原為姬路城主的外苑及家臣的房屋所在地，德川幕府時更有城主為名妓贖身，在這兒金屋藏嬌。好古園為一座1992年開園的日本庭園，由九座風情殊異的花園所組成，景色典雅宜人。

地址 兵庫縣姬路市本町68 **時間** 9:00~17:00(入園至16:30) **休日** 12/29、12/30 **價格** 成人¥310，國小~高中¥150 **網址** himeji-machishin.jp/ryokka/kokoen/

姥が石
石牆上用網子保護的白色石頭，傳說是一位經營燒餅屋的貧苦老婆婆家中的石臼，當時石材嚴重不足，民眾們紛紛捐石支援，甚至還將石棺、石燈籠都挖來補牆呢！

るの門
在一般正常通道之外的地方，會有處從石垣中開口的小洞，此種稱為穴門的逃遁密道，只有在姬路城才有。

神戶

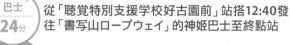

￥310

巴士 **24**分

從「聴覚特別支援学校好古園前」站搭12:40發往「書写山ロープウェイ」的神姬巴士至終點站

停留時間 **1**小時

姫路市
書寫の里·美術工藝館

13:15

被飄逸竹林包圍的美術工藝館位於書寫山麓，外觀設計以寺廟為概念。館內除了展示由已故奈良東大寺長老清水公照師所創作的泥佛像，還有鄉土玩具室和工藝工房，收藏了日本各地的鄉土玩具。

地址 兵庫縣姫路市書写1223　時間 10:00~17:00(入館至16:30)　休日 週一(遇假日照常開館)、假日隔天(遇週末假日照常開館)、12/25~1/5　價格 成人￥500，大學高中￥300，國中小￥70　網址 www.city.himeji.lg.jp/kougei

順遊推薦

姫路Central Park

姫路中央公園位於和書寫山反方向的位置，公園分為遊園地和野生動物園，其中野生動物園可以搭乘特製遊車，近距離觀賞各種動物，遊園地則擁有多項遊樂設施，刺激又有趣。

地址 兵庫縣姫路市豊富町神谷1434　時間 サファリパーク、遊園地10:00~17:00(依季節而異，詳見官網)　休日 不定休(詳見官網)　價格 國中以上￥3800~4400，國小￥2100~2400，3歲以上￥1300~1400(依日期調整，詳見官網)　網址 www.central-park.co.jp

往返￥1200

纜車 **5**分

纜車每15分一班，搭至山上

書寫山圓教寺

14:45

停留時間 **1.5**小時

書寫山圓教寺是姫路最富盛名的紅葉名所，其中有一千多年歷史的摩尼殿和大講堂，更是秋天賞楓的勝地。年代悠久，古樸的圓教寺，是日本的重要文化財，精美佛家木雕建築與佛像可讓人自由進入參觀，靜心體會文物之美。

地址 兵庫縣姫路市書写2968　時間 8:30~17:00，依季節而異　價格 入山費國中以上￥500，國小￥300　網址 www.shosha.or.jp

往返 ¥1200

纜車 5分 纜車每15分一班，搭至山麓

¥310

巴士 22分 從「書写郵便局前」搭16:44發往姬路駅的神姬巴士至終點站

FESTA

17:15

停留時間 1小時

與車站直通的商業設施「FESTA」匯聚了當地美食、姬路特色伴手禮和美味甜點，地下街的「ひめチカ食道」不但有多間深受當地人喜愛的美食店家，還有當地新鮮海產烹製的料理；1樓的「のれん街」則是個從中午到晚上都能暢飲的復古橫丁，可以邊享用姬路B級美食邊飲酒作樂。

地址 FESTA BLD.兵庫縣姬路市駅前町363-1，GRAND FESTA兵庫縣姬路市駅前町188-1 **時間** 10:00~20:00，依店家而異
網址 himeji-festa.com

步行 5分

TERASSO姬路

18:30

停留時間 1小時

TERASSO鄰近JR姬路站，交通便利，共有30間店舖進駐，包含超市等各式各樣的店舖，輕輕鬆鬆便能找到想要的東西。 4~8樓則為電影院，讓姬路市民又多了一個休閒購物的新場所。

地址 兵庫縣姬路市駅前町27 **時間** 購物10:00~20:00，超市9:00~22:00，餐廳11:00~22:00
網址 terasso.jp

步行 5分

19:45

姬路駅 JR線

Goal !

神戶

淡路島自然風情二日行程

🏷 淡路島　花田　鳴門海峽　漩渦　牧場

淡路島位於兵庫縣與四國之間,隔著大阪灣和瀨戶內海,成為四國通往本州的重要通道,雖然島上沒有鐵路,但有公路連接各地。淡路島過去在建設關西國際機場時被挖去許多土壤,在阪神大地震又經歷重大災難,在島民努力重建下,成功將其轉變為一片充滿花香和綠意的美麗面貌。

DAY1

早
09:00 舞子駅
09:40 二次元之森

午
12:30 あわじ花さじき
13:30 吹き戻しの里
15:00 明石海峽公園
16:45 淡路夢舞台

晚
17:30 GRAND NIKKO AWAJI／住

DAY2

早
09:30 PARCHEZ香之館・香之湯

午
11:30 大公／午餐
13:00 淡路島牧場
14:30 大鳴門橋記念館
15:50 うず潮観潮船 咸臨丸

晚
18:40 舞子駅

踏遍花田與海岸 尋找歲月靜好的片刻

Point! 淡路島沒有鐵路，面積又大，兩天以上自駕遊更能深度享受這片土地的美。

 Start! · **DAY1**

09:00 🚌 舞子駅 JR線

開車 **30**分 經國道28號接縣道157號

二次元之森

停留時間 **2.5**小時

09:40

偶爾會產生想要逃離現實的念頭嗎？那就進入卡通的二次元世界吧！二次元之森將臼井儀人的「蠟筆小新」、手塚治虫的「火之鳥」等著名動漫真實重現，全園的遊樂設施各以動畫主題結合戶外活動，是個動靜皆宜、大人小孩都能盡興的二次元遊樂園。

地址 兵庫縣淡路市楠本2425-2 時間 約10:00~22:00，依設施而異(詳見官網) 價格 免費入園，依設施另計(詳見官網) 網址 nijigennomori.com

順遊推薦

Hello Kitty Smile

高達11公尺的大kitty就趴在建築外，吸引眾人目光！這裡以日本食文化「御食國」為主題，提供中華創作料理、使用淡路島及國產食材製成的各式玉手鍋以及英國下午茶，在乙姬竜宮城裡還可看到聲光投影的kitty幻想世界，紀念品店也有各種kitty限定品！

地址 兵庫県淡路市野島蟇浦985-1 時間 11:00~19:00，週六日例假日10:00~19:00，入場至18:00，餐廳依店家而異 休日 週二 價格 13歲以上￥1500，4~12歲￥500 網址 awaji-resort.com/hellokittysmile/

開車 8分　經縣道157號即達

あわじ花さじき

停留時間 30分

淡路花栈敷位於淡路島北部丘陵，面向大阪灣，美麗壯觀的花田面積約有4個甲子園球場那麼大，春天油菜花、夏天馬鞭草、秋天大波斯菊，隨四季更迭展現不同風貌。除了美麗景觀，這裡還設有當地農產物和輕食販賣區，成為熱門的休憩地點。

地址 兵庫縣淡路市楠本2865-4　**時間** 9:00~17:00(入園至16:30)　**休日** 12/29~1/3、不定休　**價格** 免費　**網址** awajihanasajiki.jp

12:30

開車 10分　經縣道157號左轉進71號

吹き戻しの里

停留時間 1小時

到了吹き戻しの里，每個人都會突然童心大發，想起小時候的美好回憶，並訝異於小時候玩過的紙捲竟能有這麼多的變化，根據老闆藤村良男的創意所發想的大型玩具，更是十分有趣，還有玩猜拳遊戲的設計、阪神虎球隊的加油道具等，逗得遊客們大笑。

地址 兵庫縣津名郡東浦町河內333-1　**時間** 見學、製作體驗10:00~12:00(受理至11:30)、13:00~16:00(受理至15:30)　**休日** 12/31下午、1/1　**價格** 高中以上¥800，3歲~國中¥400，含製作體驗費　**網址** www.fukimodosi.org

13:30

沿縣道71號左轉國道28號　**開車 18分**

明石海峽公園

停留時間 1.5小時

明石海峽公園將挖去填關西機場的土地重新整頓，以「海邊的園遊空間」為主題，融合花、海、島三元素，打造出一座世界級的花卉公園。園內的展望區可遠眺海天美景，文化‧交流區是以瀨戶內海和淡路島的自然歷史為背景的公園；海岸區則以海為主題，讓人可以盡情揮灑汗水。

地址 兵庫縣淡路市南鵜崎8-10　**時間** 9:30~17:00，7、8月至18:00，11~3月至16:00　**休日** 2月第2個週一~五、12/31~1/1　**價格** 15歲以上¥450，65歲以上¥210　**網址** awaji-kaikyopark.jp

15:00

16:45

淡路夢舞台

停留時間
30分

淡路夢舞台是為2000年國際花會博覽會而建,由著名建築師安藤忠雄操刀。夢舞台以清水模建築為特色,在橢圓形的空間內突然出現的切割線條是騰空的走道,站在其上可眺望遠方海景,柱列廊道光影變化的美景更是讓人內心平靜。

地址 兵庫縣淡路市夢舞台2 時間 自由參觀
價格 自由參觀 網址 www.yumebutai.co.jp

步行
11分

17:30

GRAND NIKKO AWAJI

GRAND NIKKO AWAJI位於淡路島北邊,和淡路夢舞台、明石海峽公園地理位置相近,因為世足賽期間提供英國隊住宿而聲名大噪,成為話題旅遊點。館內運用貝殼、星星等元素以及紅色色彩,營造出簡潔浪漫的氣氛,可愛如花朵般綻放的椅子更是必打卡景點。

地址 兵庫縣淡路市夢舞台2 價格 一泊二日每人
¥11000起 網址 awaji.grandnikko.com

Stay！

Start！ · DAY2

09:00

PARCHEZ
香りの館・香りの湯

停留時間
1.5小時

開車
30分 途經國道28號

09:30

這裡以香草為主題,在園區中種植了150多種香草植物,並提煉成香水、精油、入浴劑等,供遊客認識香草的功能。館內除了可以親自動手學習如何提煉、配製香水,還有草藥SPA可以紓解壓力、消除疲勞。

地址 兵庫縣淡路市尾崎3025-1 時間
10:00~17:00,溫泉11:00~21:00(入湯至20:00),依設施而異(詳見官網) 休日 不定休 價格 泡湯12歲以上¥800,3~11歲¥450,65歲以上¥680
網址 www.parchez.co.jp

神戶

開車 15分 途經縣道464號

大公

11:30

停留時間 1小時

知名的神戶牛、松阪牛其實都是出自淡路島的小牛隻，淡路島的牛採放牧型式餵養，成就出同樣美味的淡路牛肉，肉質纖維細緻，適合以燒烤方式料理，在大公餐廳就可品嚐到這美味。

地址 兵庫縣淡路市志筑2821-1 **時間** 11:00~20:00，週末~20:30(L.O.為閉店前半小時) **價格** 石燒ステーキ定食(石燒牛排定食)￥4650起 **網址** www.taico.sakura.ne.jp

不只燒烤，涮涮鍋也十分美味。

途經國道28號 **開車 25分**

淡路島牧場

13:00

停留時間 1小時

淡路島牧場可以親身體驗擠牛奶、製作奶油、乳酪，還能免費暢飲鮮奶。製作奶油的過程相當簡單，只要將新鮮牛奶和鮮奶油放入塑膠盒中，持續搖晃10分鐘以上，等待凝固即完成了。完成後品嚐自己做的奶油，特別有成就感。

地址 兵庫縣南淡路市八木養宜上1 **時間** 9:00~17:00 **休日** 不定休 **價格** 自由參觀；擠牛奶體驗國中以上￥700，國小￥600；手作奶油體驗國中以上￥820，國小￥720；セットコース(擠牛奶體驗・手作奶油體驗)，國中以上￥1420，國小￥1200 **網址** www.awajishima.or.jp

順遊推薦

淡路Farm Park England Hill

淡路農場公園雖被稱為「英格蘭之丘」，但其實並無明顯的英國風情，反而來自澳洲的無尾熊是園內的一大亮點。園區內提供多種戶外活動和農村體驗，遊客可以參與陶藝製作、採果等活動，享受親近大自然的樂趣。

地址 兵庫縣南淡路市八木養宜上1401 **時間** 9:30~17:00(4~9月週末假日至17:30) **休日** 週二(遇黃金周和假日開放)、年末年始、冬季維護期間 **價格** 高中以上￥1200，4歲~國中￥400 **網址** www.england-hill.com

開車 25分 途經國道28號

14:30 うずの丘 大鳴門橋記念館

停留時間 1小時

淡路島與四國德島之間的鳴門海峽，有著日本著名的漩渦海潮景觀。大鳴門橋記念館內設有「漩渦科學館」，通過聲光展示各項資料，以科學角度解釋潮汐現象，解釋月球引力與地球自轉對漩渦形成的影響。館內還設有展望餐廳和土特產專賣店，是自駕遊客的理想中繼站。

地址 兵庫縣南淡路市福良丙936-3　**時間** 9:00~17:00，依設施而異　**休日** 週二(遇假日照常開館)、12月中旬3天設施維護日、12/31~1/1　**價格** うずしお科学館大人￥300，國小~高中￥100　**網址** kinen.uzunokuni.com

途經縣道25號　**開車 11分**

15:50 うず潮観潮船 咸臨丸

停留時間 1小時

每當漲潮時，鳴門海峽兩邊的紀伊水道及瀨戶內海產生1.5公尺的水位落差，海潮湧起到了狹窄的鳴門海峽，形成更激烈的潮流，甚至產生了漩渦，最大的漩渦直徑可達20公尺，蔚為奇觀。由於每天潮汐的狀況不一，在購票前可以選擇船家推薦的班次，看到狀觀漩渦的機率會比較高。

地址 兵庫縣南淡路市福良港 うずしおドームなないろ館　**時間** 依季節不定期增減航班，詳見官網　**休日** 不定休　**價格** 國中以上￥2500，國小￥1000　**網址** www.uzu-shio.com

順遊推薦

淡路人形座

淡路人形淨瑠璃擁有超過500年的歷史，以精湛的木偶製作技術著稱。通過精巧的機關，讓木偶轉動眼珠、張口，甚至瞬間從美女變成惡魔。隨著時間的流逝，許多傳統製作方法已失傳，淡路人形座致力於保護與傳承這項文化，不僅定期舉行公演，還提供簡單的講座，讓民眾更深入了解這項傳統藝術。

地址 兵庫縣南淡路市福良甲1528-1　**時間** 9:00~17:00，定時公演10:00、11:10、13:30、15:00　**休日** 週三(遇假日順延翌日休)、年末　**價格** 成人￥1800，國高中￥1300，國小￥1000　**網址** awajiningyoza.com

途經國道28號　**開車 1小時5分**

18:40 舞子駅 JR線

Goal !

神戶

超簡單！
京阪神排行程

3 大區域　**37** 條路線　**260⁺** 個食遊購宿

一次串聯！

1~2日行程讓新手或玩家都能輕鬆自由行

03

作者墨刻編輯部
攝影墨刻編輯部
主編李冠瑩
美術設計呂昀禾・李英娟
地圖繪製Nina・墨刻編輯部

出版公司
墨刻出版股份有限公司
地址：115台北市南港區昆陽街16號7樓
電話：886-2-2500-7008／傳真：886-2-2500-7796／
E-mail：mook_service@hmg.com.tw
發行公司
英屬蓋曼群島商家庭傳媒股份有限公司城邦分公司
城邦讀書花園 www.cite.com.tw
劃撥：19863813／戶名：書虫股份有限公司
香港發行城邦（香港）出版集團有限公司
地址：香港九龍土瓜灣土瓜灣道86號順聯工業大廈6樓A室
電話：852-2508-6231／傳真：852-2578-9337／
E-mail：hkcite@biznetvigator.com
城邦（馬新）出版集團 Cite (M) Sdn Bhd
地址：41, Jalan Radin Anum, Bandar Baru Sri Petaling,
57000 Kuala Lumpur, Malaysia.
電話：(603)90563833／傳真：(603)90576622／
E-mail：services@cite.my
製版・印刷
藝樺設計有限公司・漾格科技股份有限公司
ISBN 978-626-398-140-9・978-626-398-134-8（EPUB）
城邦書號KX1003　**初版**2024年12月
定價420元
MOOK官網www.mook.com.tw
Facebook粉絲團
MOOK墨刻出版 www.facebook.com/travelmook
版權所有・翻印必究

執行長何飛鵬
PCH集團生活旅遊事業總經理暨墨刻出版社長李淑霞

總編輯汪雨菁
副總編輯呂宛霖
採訪編輯趙思語・李冠瑩
叢書編輯林昱霖・蔡嘉榛
資深美術設計主任羅婕云
資深美術設計李英娟
影音企劃執行邱茗晨

資深業務經理詹顏嘉
業務經理劉玫玟
業務專員程麒
行銷企畫經理呂妙君
行銷企畫主任許立心
行政專員呂瑜珊

印務部經理王竟為

國家圖書館出版品預行編目(CIP)資料

國家圖書館出版品預行編目資料
超簡單！京阪神排行程：3大區域x37條路
線x260+食購遊宿一次串聯！1~2日行程
讓新手或玩家都能輕鬆自由行 /墨刻編輯
部 作;-- 初版.-- 臺北市：墨刻出版股份有
限公司出版：英屬蓋曼群島商家庭傳媒股
份有限公司城邦分公司發行, 2024.12
224面 ;16.8×23公分. -- (排行程; 03)
ISBN 978-626-398-140-9(平裝)
1.旅遊 2.日本關西

731.7509　　　　　　　113017362